ÉTUDE

SUR LES

CLASSES RURALES

EN BRETAGNE

AU MOYEN-AGE

PAR

HENRI SÉE

Professeur-adjoint à la Faculté des lettres de Rennes

PARIS

ALPHONSE PICARD ET FILS

Libraires de la Société de l'École des Chartes

82, rue Bonaparte

RENNES

PLIHON ET HERVÉ

LIBRAIRES

5, rue Motte-Fablet

1896

ÉTUDE

SUR LES

CLASSES RURALES EN BRETAGNE

AU MOYEN-AGE

ÉTUDE

SUR LES

CLASSES RURALES

EN BRETAGNE

AU MOYEN-AGE

PAR

HENRI SÉE

Professeur-adjoint à la Faculté des lettres de Rennes

PARIS	RENNES
ALPHONSE PICARD ET FILS	PLIHON ET HERVÉ
Libraires de la Société de l'École des Chartes	LIBRAIRES
82, rue Bonaparte	5, rue Motte-Fablet

1896

ÉTUDE

SUR LES

CLASSES RURALES EN BRETAGNE

AU MOYEN-AGE

INTRODUCTION

Dans une précédente étude [1], nous avons déjà eu l'occasion de faire remarquer que l'on ne connaîtrait, d'une façon précise, la condition des classes rurales au Moyen-Age et leurs transformations que le jour où l'on posséderait, pour chaque région, une monographie aussi exacte que le permet la nature des documents contemporains, documents, hélas! bien fragmentaires et bien laconiques. Au Moyen-Age, les conditions sociales diffèrent plus de province à province, qu'aujourd'hui de nation à nation : chaque grand fief, pour ne pas dire chaque seigneurie, a une existence indépendante, des institutions originales. Si les traits généraux se retrouvent partout les mêmes, il existe cependant des nuances, souvent délicates, qu'il convient de mettre en lumière, car elles nous servent à mieux comprendre les caractères essentiels de l'histoire sociale.

---

[1] *Étude sur les classes serviles en Champagne* (extrait de la *Revue historique*, nov. 1894 et janv. 1895, t. LVI, pp. 225 et sqq. et t. LVII, pp. 1 et sqq.)

En ne tenant compte que des résultats généraux, on peut
considérer que, dans tous les pays du centre et de l'est de la
France actuelle, la condition des paysans est sensiblement la même
au Moyen-Age et a subi les mêmes transformations. La féodalité
est fortement constituée. Au XIᵉ et au XIIᵉ siècles, les cultivateurs
sont presque tous serfs : nous les voyons soumis à des charges
très rigoureuses, arbitraires, personnelles, telles que la mainmorte et le formariage; ils sont taillables à merci. Peu à peu, ils
obtiennent l'affranchissement : de serfs ils se transforment en
vilains : ils ne doivent plus que des redevances fixes; la mainmorte ne pèse plus sur eux. Au XIIIᵉ siècle, il y a donc un progrès très marqué dans la condition des classes rurales. Pour
s'élever à un état social meilleur, les paysans, bien que favorisés
par les circonstances, ont dû faire des efforts considérables : ces
efforts ont développé l'énergie des classes non nobles et ont contribué, dans une certaine mesure, aux progrès si rapides des
centres urbains.

Mais il semble bien que la condition de la propriété ait varié
moins rapidement que la condition des personnes. Si les droits
personnels qui pèsent sur les paysans se sont atténués, les droits
réels, qui grèvent leur tenure, se sont conservés intacts, et, dans
leurs traits essentiels, ils dureront, pour ainsi dire, aussi longtemps que l'ancien régime. L'administration d'un domaine ressemble toujours à ce qu'il était dans les premiers temps du
Moyen-Age : c'est toujours, en fin de compte, une *exploitation*.
Le seigneur, le roi de France lui-même, ne se préoccupe guère de
l'intérêt véritable de ses sujets roturiers : il faut ne voir en lui qu'un
propriétaire, qui cherche à tirer de ses terres tout le profit
possible; non seulement il astreint ses tenanciers aux corvées,
aux banalités de toutes sortes, mais même, lorsqu'il exerce la
justice dans son domaine, ce n'est pas au nom d'un principe
supérieur d'ordre et d'équité; la justice, qui a forcément pour
sanctions des confiscations et des amendes, n'est pour lui qu'un
revenu comme un autre.

C'est sur cette assise domaniale que repose tout le régime féodal : le seigneur est nourri par ses paysans; c'est de leur travail qu'il tire ses richesses; l'exploitation à laquelle il les soumet lui permet de faire la guerre et de figurer dans cette société de chevaliers, où, comme dans toute autre société, l'aristocratie a pour fondement ultime la fortune. Mais le régime seigneurial doit survivre à la féodalité, car il est plus ancien qu'elle, il découle des principes mêmes du droit de propriété, tel qu'il est constitué déjà à l'époque romaine, et qui survivra jusque dans les temps modernes[1].

Il nous a paru intéressant de rechercher si, en Bretagne, dans un pays que sa position géographique, son isolement, ses éléments ethniques prédisposaient à des institutions originales, il s'était produit des phénomènes identiques ou analogues à ceux que nous venons de décrire. Comment était constitué le domaine avant l'avènement de la féodalité? Le servage a-t-il existé en Bretagne? Comment les classes rurales se sont-elles transformées au cours du Moyen-Age? L'exploitation domaniale affecte-t-elle les mêmes caractères que dans d'autres régions? Telles sont les principales questions que l'on a examinées, et dont la solution pourra sans doute ajouter quelques traits à l'histoire de la société en France.

Le sujet, que l'on se propose de traiter, a déjà préoccupé les érudits : M. Aurélien de Courson, dans ses Prolégomènes du Cartulaire de Redon, nous a donné une description, mais assez superficielle, de l'état social de la Bretagne avant les invasions normandes; l'ouvrage de M. du Châtellier sur l'*Agriculture et les Classes agricoles de la Bretagne* contient des aperçus intéressants, mais peu de faits précis. La meilleure étude que nous possédions est le *Mémoire sur le servage en Bretagne avant et après le Xe siècle*, de M. de la Borderie; mais l'auteur

---

(1) Voy. Achille Luchaire, *Manuel des Institutions françaises*, pp. 293 et sqq.; Ch. Seignobos, *le Régime féodal en Bourgogne*, pp. 197 et sqq., et notre *Etude sur les classes serviles en Champagne*.

s'est restreint à la question du servage. Il semble donc qu'il y ait encore quelque utilité à étudier avec soin la condition des paysans et l'administration domaniale dans la Bretagne du Moyen-Age.

.•.

Nos principales sources, ce sont les chartes et les cartulaires. Un certain nombre de ces documents sont encore inédits.

I. — Documents manuscrits.

Voici les cartulaires manuscrits que nous avons étudiés :

Le *Cartulaire de Saint-Melaine*, à la Bibliothèque municipale de Rennes, manuscrits, n° 271 ;

Les *Cartulaires de Quimper* (Bibliothèque nationale, manuscrits, *fonds latin*, n⁰ˢ 9891 et 9892) ;

Le *Cartulaire de Quimperlé* (copie de M. Léon Maître, à la Bibliothèque nationale, *nouvelles acquisitions latines*, n° 1427) ;

Le *Cartulaire de la baronnie de Vitré* (*ibidem*, n° 1229).

Aux archives du département d'Ille-et-Vilaine, nous avons consulté principalement le fonds très riche des prieurés de l'abbaye de Marmoutiers.

Aux archives de la Loire-Inférieure, nous avons pu tirer parti des aveux terriers, cotés E 148, E 149, E 150, des papiers terriers provenant des déclarations de 1679 à 1687, et notamment des registres cotés B 9 et B 14.

II. — Documents imprimés.

Dom Morice, *Preuves de l'Histoire de Bretagne*.

Dom Lobineau, *Preuves de l'Histoire de Bretagne*.

Aurélien de Courson, *Cartulaire de Redon*. Paris, 1869, in-4° (Collection des Documents inédits).

Paul de la Bigne-Villeneuve, *Cartulaire de l'abbaye de Saint-Georges de Rennes*. Rennes, 1876.

Arthur DE LA BORDERIE, *Cartulaire de l'abbaye de Lande-venec*, publié par la Société archéologique du Finistère. Rennes, 1888.

L. ROSENZWEIG, *Cartulaire du Morbihan*, publié par la *Revue historique de l'Ouest*, années 1893, 1894, 1895, *Documents*.

Geslin DE BOURGOGNE et Anatole DE BARTHÉLEMY, *Anciens évêchés de Bretagne*, t. III, IV, V et VI. Saint-Brieuc, 1864.

Arthur DE LA BORDERIE, *Recueil d'actes inédits des ducs et princes de Bretagne*, dans les *Mémoires de la Société archéologique d'Ille-et-Vilaine*, t. XVII (1885-87), pp. 1-87 et 341-436, et t. XIX (1889), pp. 155 et sqq.

Du même, *Nouveau recueil d'actes inédits des ducs de Bretagne* (XIIIᵉ et XIVᵉ siècles), dans les *Mémoires de la Société archéologique du département d'Ille-et-Vilaine*, t. XXI (1892), pp. 91 et sqq. et t. XXII (1893), pp. 181 et sqq.

Du même, *Chartes du prieuré de la Trinité de Fougères*, dans le *Bulletin de l'Association bretonne*, t. III (1851), pp. 178 et sqq. et 236 et sqq.

Du même, *le Réguire de Dol et la baronnie de Combour*, dans les *Mémoires de la Société archéologique d'Ille-et-Vilaine*, t. II (1862), pp. 150 et sqq.

René BLANCHARD, *Lettres et mandements de Jean V, duc de Bretagne* (collection des *Archives de Bretagne*, t. IV, V, VI, VII et VIII), 1890-05.

La Très Ancienne Coustume de Bretagne, dont la rédaction doit se placer entre 1312 et 1325 [1] (édition de M. Planiol, Bibliothèque bretonne armoricaine. Rennes, 1896).

P. HÉVIN, *Coutumes générales du pays et duché de Bretagne*, 1659-74.

---

[1] Planiol, *Introduction*, p. 7.

D'utiles renseignements nous ont été fournis par les ouvrages des feudistes du XVII⁰ et du XVIII⁰ siècles. Citons principalement :

BAUDOUIN DE MAISONBLANCHE, *Institutions convenantières*. Saint-Brieuc, 1776, 2 vol.

GIRARD, *Traité des usements ruraux de la Basse-Bretagne*. Quimper, 1774.

LE GUÉVEL, *Commentaire sur l'usement de Rohan*. Rennes, 1786.

On trouve aussi de précieuses indications sur l'état social de la Bretagne dans l'*Essai sur la géographie féodale de la Bretagne*, de M. A. de la Borderie, dans l'*Emigration bretonne en Armorique*, et *les Mots latins dans les langues brittoniques*, de M. J. Loth. — L'excellent *Manuel des Institutions françaises*, de M. Achille Luchaire, nous a permis de comparer, à chaque pas, la condition des paysans bretons avec l'état des classes rurales des autres régions françaises.

Nous devons des remerciements tout particuliers à M. Loth, doyen de la Faculté des lettres de Rennes, dont les savants conseils nous ont souvent guidé dans ces recherches. Que M. Parfouru, archiviste d'Ille-et-Vilaine, et M. Vétault, bibliothécaire de la ville de Rennes, me permettent de reconnaître une fois de plus leur inépuisable complaisance. Si j'ai pu tirer quelque parti des archives de la Loire-Inférieure, c'est grâce à l'aimable obligeance de M. Léon Maître.

PREMIÈRE PARTIE

LES CLASSES RURALES AVANT LE X⁰ SIÈCLE

CHAPITRE PREMIER

LE RÉGIME PATRIARCAL ET LES ORIGINES DE LA FÉODALITÉ

Les invasions bretonnes du Ve siècle, les invasions des Normands au Xe siècle : voilà deux événements, qui non seulement ont exercé une influence très considérable sur l'histoire politique de la Bretagne, mais qui encore ont dû avoir une action directe sur son histoire sociale. La condition des paysans avant le Xe siècle offre donc, pour la province dont nous nous occupons, un intérêt tout particulier : elle nous expliquera les futures transformations des classes rurales, elle nous révélera les causes de ces transformations.

D'ailleurs, la condition des paysans ne peut être étudiée isolément : elle dépend de l'organisation sociale tout entière et du régime général de la propriété. Cette organisation et ce régime ressemblent-ils à l'organisation et au régime du reste de la Gaule? Ont-ils été établis de toutes pièces par les émigrants? Ou bien encore y a-t-il eu combinaison des institutions romaines et des institutions celtiques?

Nous savons que, chez les Bretons insulaires, les liens de parenté étaient plus forts que les rapports que pouvaient créer la condition de la propriété et la fortune : comme le dit M. Loth, « le clan est l'unité politique et territoriale[1]. » Les Bretons,

---

[1] Voy. J. Loth. *l'Emigration bretonne en Armorique*, pp. 103 et sqq.

réfugiés en Armorique, avaient, sans doute, les mêmes divisions territoriales, les mêmes classes d'hommes, les mêmes idées sur l'organisation de la famille et de la justice que les Gallois. Encore au IX° siècle, à la tête de chaque *plebs* ou *plou*, se trouve un chef héréditaire, le *machtiern*, qui ressemble singulièrement à l'*uchelwr* gallois, et qui n'est autre qu'un chef de clan ou de tribu : les hommes libres dépendent de lui[1].

Mais, d'autre part, le régime de la propriété ressemble beaucoup au régime qui existe dans le reste de la Gaule. Si les *machtiern* sont des chefs de clan, ils sont encore et surtout de grands propriétaires fonciers. Les documents contemporains nous montrent deux catégories de propriétés : les *alleux* et les *bénéfices*.

En Bretagne, comme en Gaule, l'alleu (*alodus*), c'est la terre possédée en pleine propriété[2], c'est le patrimoine (*hereditas*) absolument indépendant[3]. L'allodier est un homme qui ne doit aucune redevance, aucun cens à qui que ce soit[4]. Le propriétaire d'un alleu consent-il à payer un cens à une autre personne : par le fait même, il cesse de posséder sa terre en toute propriété; son acte équivaut à un acte de donation[5].

De l'alleu se distingue très nettement le bénéfice[6]. Ce qui

---

(1) Voy. J. Loth, *l'Emigration bretonne en Armorique*, pp. 216 et sqq., et *les Mots latins dans les langues brittoniques*, 1892, pp. 38-39. Cf. encore A. de la Borderie, *le Machtiern breton et l'organisation primitive des Bretons en Armorique*, dans les Comptes rendus de l'Académie des inscriptions et belles-lettres, année 1888, p. 201.

(2) En 846, Uuobrian vend à Uuetenoc une terre, appelée Foubleid, qu'il appelle *rem proprietatis meæ* (*Cart. de Redon*, p. 105). Vers 867, Uuetenoc cède cette même terre à l'abbaye : il l'appelle son alleu : « Hæc carta indicat atque conservat qualiter dedit Uuetenoc *alodum suum* qui vocatur Foubleid, situm in plebe Ruffiac... Sancto Salvatori » (*ibid.*, p. 106).

(3) Cf. *ibid.*, p. 150.

(4) « Deinde donavi ego Condeloc eis campum in tigram Mellac, jacentem inter fossam Catuuallon et viam publicam, quem campum meus pater Groecon comparaverat *in alode, sine censu alicui homini*. » (Acte de 833, *ibid.*, p. 15).

(5) En 859 ou 864, Juduuallon a donné à l'abbaye de Redon l'alleu de son oncle Buduuoret. Puis il voulut le garder; enfin, il revint à de meilleurs sentiments : « Sed ipse præpositus iterum reddidit illi, ita tamen ut singulis annis reddat unum solidum argenti in censu Sancto Salvatori. » (*Ibid.*, p. 83).

(6) En 863, Conuuoion, abbé de Redon, donne un bénéfice à Uuruueten et à Pivetat : ceux-ci, dit l'acte, « dederunt... IIII°r fidejussores in securitate ut nec ipsi nec parentes eorum nec filii eorum post eos dicant accepisse se *in hereditate* illam supradicta (*sic*) partem, sed *in beneficio* quamdiu libitum fuerit Conuuoion, abbati et monachis rotonensibus. » (*Cart. de Redon*, p. 50).

caractérise le bénéficiaire, c'est qu'il ne possède pas la terre en
toute propriété ; il ne la détient qu'à la condition de payer au
véritable propriétaire un certain cens, déterminé d'une façon
précise, et qu'il doit acquitter à terme fixe : ce cens, qui représente
la rente due au propriétaire, marque la sujétion du bénéficiaire [1].
A la mort de l'allodier, le possesseur du bénéfice doit rendre
la terre ; il ne peut la recouvrer qu'après une nouvelle investiture.
L'abbé de Redon, en 867, n'accorde une nouvelle investiture à
un certain nombre de bénéficiaires que lorsqu'ils se sont engagés
à défendre l'abbaye [2] : voilà un devoir précis, qui leur est
imposé, et que l'on peut considérer comme la raison d'être du
bénéfice.

Souvent le bénéfice est une concession du propriétaire, qui
case sur sa terre des hommes dont il attend des services. Mais il
arrive aussi que l'allodier se transforme en bénéficiaire : il cède
à une abbaye, par exemple, la propriété supérieure de sa terre :
tant qu'il vivra, il conservera le domaine à titre de bénéfice ; à
sa mort, il pourra le léguer à ses descendants ; mais s'il n'a pas
d'héritiers directs, la propriété pleine et entière reviendra à
l'abbaye [3]. Il est probable que des concessions de cet ordre n'ont

---

(1) Cf. *Cart. de Redon*, p. 63, an. 861 : « Hæc carta indicat atque conservat
quod dedit Glur censum de dimidia parte Rantuduael et de tercia parte Rancu-
nuuas, cum duabus villariis Macoer, Sancto Salvatori in Rotono et monachis
rotonensibus pro anima sua et pro regno Dei, id est V denarios ad festivitatem
Sancti Martini, omni anno, et ut ipse reddat, quamdiu vixerit, et post mortem
ejus, si ipse supradictam terram Sancto Salvatori non dederit, ad integrum qui-
cumque illam teneret, reddat hunc censum... » Voy. encore *ibid.*, p. 66 et p. 172.

(2) *Ibid.*, p. 72, an. 867.

(3) *Ibid.*, p. 36, an. 858-865 : « Hæc carta indicat atque conservat qualiter
dedit Uetenoc alodum suum qui vocatur Foubleth in elemosina pro anima sua
Sancto Salvatori..., ita tamen ut, quamdiu ille vixerit, teneat supradictum
alodum et reddat censum singulis annis ad monachos in Roton, et post mortem
ejus, si quis ex progenie ejus superfuerit, reddat supradictum censum Sancto
Salvatori ; si autem non fuerit ex ejus progenie qui tenuerit eum, maneat incon-
vulsum usque in finem seculi. » — En 865, Juduuallon demande à l'abbé de
Redon qu'une terre, qui autrefois avait été donnée par son oncle à l'abbaye, lui
soit conservée à titre de bénéfice : « ... Deprecatus Juduuallon Convoion abba-
tem ut non tolleret ipsum alodum, sed censum ex eo acciperet quod voluisset
per singulos annos. » (*Ibid.*, p. 44, n° LVI).

pas pour mobile unique la piété. Ne peut-on supposer que souvent l'allodier n'oblige sa terre que pour acquitter une dette ou pour se faire le client d'un protecteur puissant? Il devient ainsi une sorte de *précariste*, que des liens personnels attachent déjà à celui que l'on nommera bientôt le suzerain [1].

Si l'on admet, avec Fustel de Coulanges, que « la féodalité n'est pas née d'un système politique, qu'elle a pris naissance dans les usages de l'existence individuelle [2] », on ne saurait manquer de constater, en Bretagne, dès le IX° siècle, les premiers symptômes de ce régime, qui va bientôt se constituer. En Bretagne, les choses se passent comme dans le reste de la Gaule. La civilisation gallo-romaine y a donc exercé une influence prépondérante ; mais avec elle, quoique dans de faibles proportions, se sont mêlés des éléments d'institutions celtiques.

CHAPITRE II

LES CADRES TERRITORIAUX

On constate la même combinaison, si l'on examine les cadres territoriaux, dans lesquels sont confinées les classes rurales. Dans les autres régions de la Gaule, la *villa* représente le domaine rural : elle est d'origine gallo-romaine ; c'est une grande propriété, dont l'étendue équivaut à peu près à celle de nos communes modernes [3]. En Bretagne, il existe bien une circonscription territoriale, qui, comme étendue, correspond à la villa gallo-romaine : c'est la *plebs* ou le *plou* [4]; mais la *plebs*

---

(1) Fustel de Coulanges a montré, avec beaucoup de force, l'analogie qui existe entre le précaire et le bénéfice, qui donnera naissance au fief : cf. *les Origines du système féodal, le bénéfice et le patronat*, Paris, 1890.

(2) *Ibid.*, p. 63.

(3) Voy. Fustel de Coulanges, *l'Alleu et le Domaine rural pendant l'époque mérovingienne*, Paris, 1889, pp. 15 et sqq.

(4) En effet, presque toujours, le territoire d'une commune moderne se confond sensiblement avec le territoire d'une ancienne plebs.

n'est autre chose que la paroisse, une circonscription ecclésiastique, mais non domaniale : dans chaque *plebs*, se trouvent, en
général, plusieurs domaines distincts [1].

En Bretagne, et particulièrement dans la Bretagne celtique,
l'unité de propriété, c'est le *ran*. On ne saisit pas d'une façon très
nette l'étendue du *ran*, car les textes n'indiquent pas cette
étendue, mais plutôt le produit de cette circonscription en
céréales, c'est-à-dire en froment, en orge ou en seigle; ainsi
voyons-nous que le ran vaut soit huit muids de céréales, soit
quatre muids [2]. La valeur du ran varie d'ailleurs suivant la qualité du sol, qui porte des produits plus ou moins estimés : ainsi
un ran se vend 15 sous [3], tandis qu'un autre, à la même époque,
est cédé pour 20 sous [4]. Ce qui donne encore une idée plus nette
du ran, c'est que sur chacun résident, soit deux ou trois cultivateurs [5], soit, souvent, une seule famille de paysans [6]. Ainsi

---

(1) Cf., par exemple, un acte de 859 : « Hæc carta indicat quod dedit Tramu-
ual Henterrann cum manente nomine Courenti, sitam *in plebe Caroth*... Sancto
Salvatori in Rotono... » (*Cart. de Redon*, p. 21). Cf. *ibid.*, p. 149; *Cartulaire
de Landevenec*, p. 168, nº XLVI; *Cartulaire de Quimperlé*, passim. — Alain,
comte de Cornouaille, donne à Landevenec « tref Tudoc in *pleu* Neugued in
Pou. » (*Cart. de Landevenec*, p. 170, nº XLVIII).

(2) En 833-34, Broin donne à l'abbaye de Redon « partem terræ, quæ vocatur Ranuuoionan, id est VIII modios de brace cum manente Uetenuuoion, cum
terris, pratis, pascuis, aquis aquarumque decursibus, mobilibus, cultis et incultis,
cum omnibus appenditiis suis... » (*Cart. de Redon*, p. 9). Vers 865, Conuetic
vend à Redon, pour 20 sous, une propriété appelée Ranuuorocan, laquelle rapporte 4 muids (*ibid.*, p. 117).

(3) *Ibid.*, p. 112.

(4) *Ibid.*, p. 117.

(5) En 866, Salomon donne à l'abbaye de Redon un domaine, Raninislouuen
« cum his manentibus : Uuorhouuen, Riuuten, Dalitoc, Mænuueten... » (*Ibid.*,
p. 39). — En 878, Loiesuuallon donne à la même abbaye « Ran Anaumonoc
cum colonis Anaumonoc, cum filiis suis Dreconet Rietoc, et Ranmorenoc
cum colono suo Hæluuidoe, et Ranuuoranau cum colonis suis Uuoranau et
Uuethanau et Driuualoe et Johan... » (*Ibid.*, p. 218). En 862, Pascuueten
donne à Redon « de sua hereditate in Bene, quæ dicitur Rancaruuan, cum duobus manentibus...» (*Ibid.*, p. 64). Cf. *ibid.*, p. 13, acte de 834.

(6) Cf. *ibid.*, p. 9. Voy. encore, *ibid.*, p. 204, un acte de 872 : «... Dedit Catu-
uotal, presbyter, *terciam partem tegranis Bielin* in manu Tanetuuoion preposti
et Tancrat monachi cum suo hereditario nomine Anuuili, Sancto Salvatori... »

beaucoup de domaines paraissent-ils d'une étendue tout à fait médiocre [1].

Au-dessus du ran, on trouve le *tigran*, qui comprend sans doute trois rans [2]; le *rantrimes* vaut trois tigrans [3]. Il existe certainement des domaines, qui correspondent à des tigrans et à des rantrimes; mais il ne semble pas que ce soit le plus grand nombre [4]. En général, chaque domaine ne contient que deux ou trois familles de serfs.

Quant au mot *tref* ou *tribus*, il désigne une circonscription territoriale, qui n'a rien d'absolument fixe, et qui paraît assez étendue : c'est un ensemble d'exploitations rurales : dans une même tref, on trouve toujours plusieurs domaines, parfois une vingtaine de *villa* [5]. Il faut donc voir dans la tref une sorte de subdivision de la *plebs* [6].

Voilà des divisions territoriales, d'origine celtique, qui ont persisté très longtemps en Basse-Bretagne [7]. Mais on trouve

(1) Catloiant a fait son fils moine « et dedit cum eo *virgadam terre* que appellatur Chenciniac, que alio nomine nuncupatur Ran Coumorin, et *aliam portiunculam* que dicitur Ran Hinuual... » (*Cart. de Redon*, p. 22).

(2) Voy. l'acte de 872 cité p. 15, note 6.

(3) Tiernan et son frère, qui devaient une rente à l'abbé de Redon « pro illa renda tradiderunt duas randremessas, una quæ dicitur Randremes Golbin, excepto uno tigrano in Ergentet, et dimidium Randremes Lisuuern, excepto dimidium tegran... » (Acte de 847, *ibid.*, p. 82). Cf. *ibid.*, pp. 23-24. — Pour tout ce qui précède, voy. J. Loth, l'*Émigration bretonne en Armorique*, pp. 227 et sqq.

(4) « Hæc carta indicat quod dedit Riuualt Finit et suam hereditatem in Alcam, id est, *quarta pars* Randremes Merthiniac... » (Acte de 834, *Cart. de Redon*, p. 92).

(5) Voy. *Cart. de Landevenec*, pp. 146 et sqq. : Gradlon donne à l'abbaye « tribum Caruan, XIII villas;... tribum Petrani, XXX villas. ., tribum Clecher XIII villas... » Cf. *ibid.*, p. 149 : « Sub eodem tempore emit Harthuc transmarinus quandam tribum, XXII villas, in plebe quæ vocatur Brithiac per CCC solidos argenteos, in æternam hereditatem a Gradlono rege Britonum... »

(6) J. Loth, *op. cit.* p. 117.

(7) Cf. le *Cartulaire de Saint-Georges*, passim. — En 1184, la duchesse Constance confirme à Sainte-Croix de Quimperlé la possession de plusieurs *trefs* ou *tribus* (Arch. dép. de la Loire-Inférieure, E. 79). Au XVIIe siècle, dans le Finistère, il est encore question de trefs : un domaine important est appelé la tresfve de Trefmascouet, en 1686 (*ibid.*, B. 9, fo 30 et sqq. et *passim*).

aussi, avant le X° siècle, même dans la Bretagne celtique, des termes d'origine gallo-romaine, qui désignent des circonscriptions domaniales. Le *manse* ne paraît être autre chose que la tenure du paysan, sur laquelle vit une famille de tenanciers [1]; son étendue semble très analogue à celle du ran [2]. La *villa* comprend souvent plusieurs manses, mais elle n'est, en général, que de dimension médiocre : nous voyons des *villa*, qui ne rapportent que huit muids de céréales tout comme un ran [3], et qui ne contiennent que deux ou trois familles de serfs [4]. Cependant, parfois, la villa englobe plusieurs rans [5]. Ne pourrait-on, avec quelque vraisemblance, l'assimiler à la tref? La villa, qu'elle se confonde ou non avec un domaine rural, est une subdivision de la plebs. Son étendue est donc beaucoup moins considérable que celle des *villa* du reste de la Gaule, dont la plupart ont créé les paroisses et les communes modernes. L'unité domaniale, ce n'est pas la paroisse, mais c'est le ran ou, du moins, le tigran.

Une conclusion s'impose : c'est que la grande propriété existe moins en Bretagne que dans d'autres régions. M. Loth a déjà remarqué que, dans les pays qui ont subi l'invasion des Bretons, la propriété est plus divisée que dans le reste de la Bretagne, que dans les environs de Rennes, par exemple [6]. Il est donc probable que la propriété gallo-romaine a été affectée par les invasions celtiques : elle s'est modifiée, tout en conservant ses traits essentiels et caractéristiques.

(1) En 834, Uuorcomin donne à l'abbaye de Redon plusieurs terres à Prispiriac, et notamment « unum massum in villam, et unam manentem nomine Uueidien et filios suos super illam terram... » (*Cart. de Redon*, p. 97). Cf. *ibid.*, p. 168 et p. 5.

(2) Dans le pays de Nantes, nous voyons un manse qui rapporte 6 muids (*ibid.*, p. 35).

(3) Cf. *ibid.*, pp. 119 et 123.

(4) En 846, Catloiant vend au prêtre Comaltcar « rem proprietatis meæ, hoc est, villam juris mei nuncubantem Bronantrear, VIII modios de brace, cum duobus colonis his nominibus : Roiantmonoc et Goiduual et semen eorum, et Uuiurat et semen ejus... » (*Ibid.*, p. 123).

(5) En 895, Keuric cède à Saint-Sauveur « partem unam de sua hereditate..., videlicet Rancornou quæ sita est in villa quæ vocatur Priel, in plebe Marsin, et servum qui erat super eum, Gleumonoc et semen ejus post se... » (*Ibid.*, p. 216).

(6) J. Loth, *l'Émigration bretonne*, p. 230.

CHAPITRE III

L'ESCLAVAGE ET LE SERVAGE

Les terres ne sont pas cultivées par le propriétaire, mais par des hommes d'une condition inférieure. Parmi ces cultivateurs, beaucoup sont encore des esclaves (*mancipia* ou *servi*); ils ressemblent singulièrement aux esclaves qui vivaient sur les domaines gallo-romains. Cependant, leur situation commence à se modifier; ils sont déjà attachés à la terre : ce sont des *manentes*, — on dira plus tard *manants*, — qui sont vendus et cédés avec le fonds qu'ils mettent en valeur. Ils ont déjà une famille constituée : leurs enfants héritent, en quelque sorte, de leur tenure[1].

Le Cartulaire de Redon semblerait nous indiquer que les *servi* sont moins nombreux, d'une façon générale, dans la Bretagne celtique que dans la région qui n'a pas subi les invasions des Celtes insulaires; les propriétaires de la région orientale paraissent plus riches en esclaves ou en colons. Ainsi, la villa *Munera*, située dans le pays de Rennes, est cultivée par douze familles de serfs environ[2]. Le propriétaire de cette villa cède à l'abbé de Redon un manse qu'il possède dans le pays de Nantes : sur ce manse, résident cinq familles de serfs, dont les noms ont un aspect germanique[3]. Mais, de ces faits épars, il

(1) En 849, Cadalun cède à l'abbé de Redon « alodum juris mei, qui vocatur Linis sive Griciniago cum massis et mancipiis ibi commanentibus his nominibus : Siemaer, Sicbalt *cum uxore sua et infantibus*, Ecmaer cum uxore sua et infantibus; Gondram; Dagolena cum infantibus suis; Sicbaldana cum infantibus suis; Gonsedruda cum infantibus suis; et est res supradicta in pago Namnetico, in condita Coironinse, cum domibus et ædificiis suis, cum vineis et terris... » (*Cart. de Redon*, p. 47).

(2) *Ibid.*, p. 32 (acte de 845).

(3) Il donne « mansum meum qui vocatur Nigrorio, quem de parte genitoris mei, nomine Harlebaldo, quondam mihi legibus obvenit, situm in pago Namnetico in condita Rubiacinse, cum terris, ædificiis, cum servis et ancillis, his nominibus Blitger, Flother, Haerbert, Adalhart, Abanhildisin, cum vineis, pratis, pascuis, aquis aquarumque decursibus, mobilibus et immobilibus, cum omnibus apendiciis suis suisque adjacentiis et omni supraposito suo... » (*Ibid.*, p. 82).

est bien difficile de déduire une conclusion rigoureuse : on ne peut que formuler, et assez timidement, une hypothèse.

Remarquons aussi que les termes qui, dans la langue du temps, semblent désigner les différentes catégories de paysans, n'ont pas toujours un sens bien précis, bien défini. Comment traduire le mot *servus?* Par *esclave* ou par *serf?* Les *servi* ne sont plus tout à fait les esclaves de l'antiquité, et ils ne sont peut-être pas encore les serfs du Moyen-Age.

Aussi, quand, dans les actes antérieurs au X° siècle, nous voyons des paysans, qui sont appelés *coloni,* nous ne savons pas au juste à qui nous avons affaire. Ces tenanciers ressemblent-ils aux colons romains? C'est ce que l'on ne saurait affirmer hardiment. Il est probable que ces hommes n'ont pas une origine servile, qu'ils sont traités encore comme des personnes libres. Mais leur condition réelle diffère-t-elle sensiblement de la condition des *servi*[1]? On peut admettre qu'au IX° siècle, la classe des esclaves et celle des colons tendent à se confondre en Bretagne comme ailleurs [2].

En beaucoup de pays, cette fusion créa une classe sociale, qui comprit presque tous les paysans : la *classe servile.* Mais le serf ressemble plus au colon qu'à l'esclave, et l'on ne sait si les *servi,* que mentionne le Cartulaire de Redon, ne sont pas de véritables esclaves. On ne peut donc dire que le servage existât en Bretagne, avant le X° siècle, et qu'il en ait disparu en ce siècle ; il est même possible que le servage ne se soit pas constitué dans le duché, et que, franchissant cette phase de l'évolution sociale, les paysans bretons soient parvenus du premier coup à une condition supérieure.

---

(1) Dans le pays de Galles, on distingue non seulement deux, mais trois catégories de tenanciers : les *altudd* ou hôtes, les *tarog* ou vilains, et les *caeth*, qui sont de véritables esclaves, semblables aux esclaves romains (A. de Courson, *Histoire des peuples bretons,* 1846, t. II, pp. 47 et sqq.).

(2) Fustel de Coulanges, *l'Alleu et le Domaine rural pendant l'époque mérovingienne,* pp. 403 et sqq.

CHAPITRE IV

LES REDEVANCES DES TENANCIERS ET LES ORIGINES
DU RÉGIME SEIGNEURIAL

Il est difficile de voir en quoi diffèrent les charges du colon et celles du *servus*. Les tenanciers du IXe siècle, quelle que soit leur condition, sont astreints à payer des redevances en nature et en argent. Chaque paysan doit une certaine somme en argent, une quantité déterminée de froment, de pain, de miel, de poules, ou encore de vin, en un mot, de denrées servant à l'alimentation. Le propriétaire perçoit aussi déjà un cens sur les maisons[1].

Le Cartulaire de Redon ne mentionne ni la taille, ni aucun des droits si nombreux que nous trouverons plus tard[2]. On ne peut affirmer cependant que ces droits n'aient été créés qu'aux siècles suivants. Il est possible que, dès le IXe siècle, ils existent en bloc, d'une façon confuse, et qu'on n'ait pas encore senti le besoin de les spécifier. — Quoi qu'il en soit, on attache une importance toute particulière aux redevances que nous venons de citer, redevances fixes et déterminées à l'avance. Existerait-il donc plus de garanties pour le tenancier en Bretagne qu'ailleurs? Les paysans bretons seraient-ils destinés à être moins accablés que d'autres par des taxes personnelles et arbitraires? Ce n'est qu'une hypothèse, que l'état de nos documents ne permet pas de vérifier.

(1) Voy. *Cart. de Redon*, p. 252 : « Redditus sancti Guituuali. — In Plohinoc, XXV quarteria rasa frumenti et III solidos et II denarios et II[os] arietes. In Mihin:, XV quarteria et XLVIII ciphos mellis et XII panes et XVI denarios et VI arietes... In Plec, XIII quarteria et I minam et XXII ciphos mellis et IIe partes unius et IX panes et IIe manducaria... Et de domibus, VII solidos, unum denarium minus, et II panes et I lagenam vini et I gullum et 1 gallinam. »

(2) La première fois que nous voyons mentionner la taille, c'est dans une concession faite à saint Michel par le duc Conan, en 915 ; la taille, dont il s'agit, est citée à côté de l'*auxilium* et du *servitium* : ici, le mot *tallia* ne désigne pas, sans doute, un droit domanial direct (dom Lobineau, *Preuves*, pp. 94-95).

Il est un fait remarquable : c'est que jamais, au IX⁰ siècle, les droits de justice du propriétaire ne sont mentionnés. Ne peut-on supposer encore qu'ils existent déjà, mais qu'on n'éprouve nullement le besoin de les distinguer dans les actes? Ils seraient alors compris sous la rubrique générale, qui désigne les dépendances du droit de propriété[1]. On le verra, la justice seigneuriale, au Moyen-Age, par son caractère même, semble moins dériver d'un principe supérieur que du simple droit de propriété.

D'ailleurs, le seigneur ne pourra exercer la justice en toute souveraineté que lorsque les agents du pouvoir central n'auront plus le droit de pénétrer dans les domaines particuliers. Les concessions d'immunité, accordées par la royauté aux monastères, vont permettre à toute une catégorie importante de propriétaires d'exercer intégralement le droit de justice sur leurs domaines. En 850, Charles le Chauve accorde l'immunité à l'abbaye de Redon : par cet acte, il interdit à ses officiers d'entrer sur les terres des moines, d'y percevoir aucun impôt, d'y exercer la justice sur leurs hommes[2].

L'autonomie judiciaire constituait le privilège le plus important du propriétaire ecclésiastique ; bien souvent, dans la suite, lorsque des débris de l'empire carolingien, de grandes seigneuries tendront à se reconstituer, les abbayes obtiendront de ces

_____

(1) La rubrique *cum omnibus appendiciis suis*, que l'on trouve dans tous les actes, peut sous-entendre une grande variété de droits (cf. *Cart. de Redon*, passim).

(2) «... Praecipientes atque jubentes ut nulli fidelium Dei atque nostrorum, nostris nec futuris temporibus, liceat praescripti monasterii ingredi villas vel agros sive silvas, vel quaecumque sibi pertinere noscuntur, ad causas audiendas vel freda exigenda, aut judicia saecularia diffinienda ; neque praesumat quislibet judiciariam exercentium potestatem homines eorum, colonos vel servos sive ingenuos, super ipsius monasterii terram commanentes distringere aut inquietare, vel fidejussores tollere ; neque conetur ab hominibus illorum negotia sive terra sive mari sive quibuscumque fluminibus exercentibus aliquem teloneum vel censum aut quamlibet redhibitionem exigendo recipere ; sed quidquid exinde fiscus noster exigere potuerat, totum proficiat in utilitatibus superius dicti monasterii et in stipendiis sive sumptibus fratrum in eodem Deo famulantium...» (*Ibid.*, p. 363).

nouveaux seigneurs l'assurance que leurs agents s'abstiendront
de rendre la justice dans leurs domaines[1].

Par l'immunité, tous les hommes du domaine ne dépendent
plus que de leur seigneur direct : l'immunité, comme l'a démontré
Fustel de Coulanges[2], a donc contribué, pour une large part, à
la constitution du régime seigneurial, tel qu'il restera organisé
pendant tout le Moyen-Age, et même jusqu'à la Révolution de
1789.

---

(1) En 1037, un seigneur concède plusieurs territoires importants à l'abbaye
de Redon : « Concessit etiam quod nullus prepositus, nullus villicus, nullus
alicujus dignitate preditus unquam homines monachorum aliqua occasione audeat
distringere vel ad seculare judicium ante se vocare; sed abbas Sancti Salvatoris
et monachi, si forisfecerint ubi locus et tempus fuerit, ante se judicium secun-
dum quod sibi visum fuerit, faciant. » (Cart. de Redon, pp. 326 et sqq.). Voy.
surtout une concession du duc Conan à l'abbaye de Saint-Michel, en 915 : « Si
aliquis de his habitantibus infra istas villas homicidium fecerit aut effusionem
sanguinis aut latrocinium, ... aut præterierit hostem aut equitatum, sit bannum principis Michaelis et monachorum suorum. » (Dom Lobineau, Preuves,
pp. 94-95). Alain III, entre 1013 et 1022, fonde le prieuré de Livré : il accorde
l'immunité au prieuré, suivant les formules du IXe siècle (Actes inédits des
ducs de Bretagne, n° II, loc. cit., t. XVII, p. 6).

(2) Les Origines du système féodal, pp. 336 et sqq.

DEUXIÈME PARTIE

LE RÉGIME FÉODAL & LA PROPRIÉTÉ AU MOYEN-AGE

CHAPITRE PREMIER

L'ÉTABLISSEMENT ET LE CARACTÈRE DE LA FÉODALITÉ EN BRETAGNE

La constitution du clan avait déjà été ébranlée par l'émigration des Bretons en Armorique. Cependant le régime patriarcal s'était en partie maintenu. Il subsistait des débris de coutumes celtiques, et la langue bretonne s'étendait sur une bonne portion du pays qu'on a appelé depuis la Bretagne française[1].

A partir du X⁰ siècle, l'influence celtique semble perdre du terrain : en l'espace de deux siècles, la langue bretonne rétrograde de quinze à vingt lieues et se réduit à peu près aux limites où elle est enfermée de nos jours. M. Loth nous en donne la raison : c'est que, dans la Bretagne française, le fond de la population était resté gallo-romain ; seuls les propriétaires appartenaient à la race conquérante : dans le pays de Redon, au IX⁰ siècle, on voit très clairement que les Bretons sont disséminés[2].

Au même moment, disparaissent les chefs de tribus ; il n'y a plus de machtiernat. Déjà, au X⁰ siècle, apparaît, d'une façon très nette, le régime féodal ; la société se compose de toute une hié-

---

(1) Avant le X⁰ siècle, la ligne de démarcation du pays breton et du pays gallo passait par Pleine-Fougères, Cuguen, Lanrigan, Langouët, Mordelles, Bréal, Goven, Bourg-des-Comptes, Fougeray, Pierric, le Gavre, Quilly, Cambon : cf. Em. Chénon, *l'ancien Droit dans le Morbihan*, Vannes, 1894, p. 5.

(2) J. Loth, *l'Émigration bretonne en Armorique*, pp. 192 et sqq.

rarchie de personnes, et les terres sont soumises à une hiérarchie analogue[1].

Il est probable qu'indépendamment de tout événement extérieur, grâce à une évolution intime et naturelle, le régime féodal se serait établi en Bretagne : nous avons pu, dès le IXe siècle, en observer la genèse. — Cependant, les invasions normandes ont certainement précipité la transformation qui lentement s'opérait. C'est qu'en effet, plus que partout ailleurs, ces invasions ont eu un caractère extrêmement violent; le pays a été ravagé, les abbayes ont été incendiées, les habitants massacrés : tout l'intérieur de la péninsule ne fut plus qu'une sorte de désert[2].

De cette époque, comme M. de la Borderie l'a montré, date l'organisation de puissants fiefs-frontières. tels que Retz, Ancenis, Châteaubriant, Vitré, Combour; leurs possesseurs ont pour mission la défense militaire de la Bretagne. Et, en même temps, toute une hiérarchie de fiefs s'établit : les alleux ont disparu[3], personne ne saurait se soustraire à l'organisation nouvelle de la société[4].

Si, en Bretagne, la féodalité n'est pas d'importation étrangère, du moins, ce sont des influences de l'étranger qui l'ont développée et fortifiée. Le principe de l'indivisibilité des fiefs était connu en Bretagne, dès le commencement du XIIe siècle; mais il ne devint d'un usage général que grâce à l'Assise au comte Geffroi, établie par un prince de la famille des Planta-

---

(1) A. de la Borderie, *Essai sur la géographie féodale de la Bretagne*, Rennes, 1889, pp. 3 et sqq.

(2) « Britannia eo tempore tam a suis quam ab extraneis crudeli modo vastabatur... Civitates, castella, ecclesiæ, domus, monasteria virorum atque sanctimonialium igni tradebantur, donec in solitudinem et vastum cremum omnino regio tota Dei judicio redigeretur. » (*Vie de saint Gildas*, publiée par Mabillon, *Acta Ord. S. Benrd.*, Saec., I, pp. 147-148). En 1027, Alain Cagnart donne à l'abbaye de Quimperlé Belle-Ile, « quam olim Normannorum rabies devastaverat, et ejus colonos inde exulaverat... » (Dom Morice, *Preuves*, I, c. 365).

(3) Le mot *alodus* n'a plus que le sens d'héritage : Alain de Bretagne donne à Saint-Michel la terre de Lavas, « quam terram Wido quidam meus homo *de me ante in alodum* tenuit... » (Dom Lobineau, *Preuves*, p. 105).

(4) A. de la Borderie, *op. cit.*, pp. 6 et sqq.

genets, et qui introduisit dans le pays une institution normande
et anglaise [1].

D'ailleurs, la féodalité semble moins fortement constituée en
Bretagne que dans le domaine des Capétiens, qu'en Champagne
ou en Bourgogne. Elle est, si l'on peut dire, moins aristocra-
tique; les distinctions hiérarchiques, entre personnes féodales,
sont moins marquées que partout ailleurs : dans l'assemblée des
Etats, on verra régner entre tous les nobles une égalité parfaite :
c'est une sorte de *démocratie féodale*, selon l'heureuse expression de M. de la Borderie [2].

Il y a certainement de grands fiefs, des baronnies, dont le
ressort comprend parfois jusqu'à 60 paroisses, dont la juridiction
est très étendue. Mais il existe aussi, et, dans l'intérieur même de
ces grands domaines, beaucoup de petites seigneuries. — Remarquons que la règle de l'indivisibilité, qui avait surtout pour but
d'assurer le service militaire, ne s'appliqua qu'aux baronnies,
c'est-à-dire aux fiefs, dépendant directement du duc. Dans la
plupart des terres nobles, l'usage d'un partage égal entre les fils
se maintint [3]. Ainsi, de plus en plus, les fiefs se divisent et se
morcellent [4]. Certains domaines seigneuriaux semblent ne comprendre que quelques tenures, parfois une seule [5].

---

(1) Voy. M. Planiol. *l'Assise au comte Geffroi* (*Nouvelle Revue historique
du droit français et étranger*, 1887, pp. 116 et sqq.).

(2) A. de la Borderie, *op. cit.*, pp. 169 et sqq.

(3) M. Planiol, *op. cit.*

(4) En 1293, Saint-Aubin reçoit « *terciam partem tocius frodi* et omnium
terrarum quem et quas Havissia quondam uxor Bertranni Paignon, deffuncta,
habebat et possidebat in parrochia de Sancto Casto... » (Geslin de Bourgogne
et A. de Barthélemy, *Anciens Evêchés de Bretagne*, t. III, p. 182).

(5) Voy. le don fait aux Templiers de Nantes par Guillaume de Saffré, chevalier, en 1226 : «... Elemosinam liberam et immunem ab omni taillia et
consuetudine et omni servicio seculari feodum Willelmi Brezic in parrochia de
Safreio in villa que dicitur Marinac, quem feodum Guehenocus, gener ejus, modo
tenet, et hominem in eodem feodo manentem cum heredibus suis jamdudum
dederat... » En 1233, il concède encore le fief de Théophanie, veuve de Guillaume Brezic, avec ses dépendances, « ita quod homo qui predictas elemosinas
tenebit et successores ejus usagia sua percipiant in nemoribus, landis, pascuis
et aliis communibus terre ubicumque predictus Willelmus Brezic et predictus
gener ejus usuagium suum antea percipere solebant... » (*Ibid.*, t. VI, p. 170).

A tout moment, de nouveaux fiefs se constituent : il s'agit pour tel ou tel seigneur de récompenser les services d'un serviteur fidèle, soldat ou agent administratif. Pour ne citer qu'un exemple, nous voyons, en 1291, Olivier, seigneur de Rougé, constituer au bénéfice de son varlet, Jamet Hoguerel, un fief composé des biens qu'il possède en la paroisse de Notre-Dame de Vitré[1]. Et c'est ainsi que, dès le XIV° siècle, une seule paroisse peut contenir une vingtaine de familles nobles[2], et quelquefois davantage.

Entre les nobles et les non-nobles, il semble que la distance soit moindre que dans d'autres pays : dès le XIII° siècle, il est des bourgeois qui possèdent des fiefs[3]. Certains seigneurs fieffés occupent des terres, soumises au cens, et sont astreints à la dîme ecclésiastique[4]. Des classes intermédiaires commencent à se dessiner : voici, au commencement du XIII° siècle, un person-

(1) « ... Et tendra ledit Jamet et ses hoirs de nous et des noz la dicte donmaison a foy et a hommage... » (*Cart. de la baronnie de Vitré*, Bibl. nat., *Nouvelles Acquisitions latines*, n° 1229, p. 68). — Les constitutions de fiefs sont encore fréquentes au XIV° siècle. Pour ne citer qu'un exemple, en 1366, Pierre de Kerniel « fait foy et hommage » au duc Jean de Bretagne pour un fief qu'il lui a donné en la terre de Catballen (Arch. de la Loire-Inférieure, E. 148).

(2) A Saint-Cast, aux XIV° et XV° siècles, on compte 26 maisons nobles ; dans la paroisse de Pordic, plus de 60 : ces nobles n'ont parfois que 3 ou 400 livres de rente et vivent très misérablement (Du Châtellier, *l'Agriculture et les Classes agricoles de la Bretagne*, pp. 114 et sqq.). Au XVI° siècle, ce cas semble très fréquent (cf. P. René de Nantes, *Autre réformation de l'évêché de Dol pour l'année 1513*, dans la *Revue historique de l'Ouest*, 9° année (1893), pp. 169 et sqq).

(3) En 1273, Guillaume Glacon, forgeron et bourgeois de Broon, a donné à Sainte-Marie de Boquen « quiquid juris, proprietatis et possessionis habebat in territorio de Querresic... » (*Anciens Évêchés*, t. III, p. 273).

(4) En 1288, Jean Bechaart et Colette, sa femme, déclarent avoir reçu un domaine du prieur de Saint-Jacques sous Bécherel, pour lequel ils doivent, eux et leurs successeurs, chaque année à la Toussaint, 14 mines de blé, 7 mines de seigle, 7 mines de grosse avoine, « tenendo dictum domanium a dicto priore et successoribus suis *gentiliter* pro dicto redditu et obediendo pro dicto domanio dicto priori et ejus successoribus *tanquam domino feodali gentiliter* sine aliqua exactione et sine alio redditu. » (Arch. dép. d'Ille-et-Vilaine, *fonds de Marmoutiers*, Prieuré de Saint-Jacques sous Bécherel). En 1239, Eudes le Du, homme lige de l'abbaye de Beauport, lui doit, pour un fief qu'il tient d'elle, 20 sous de cens par an (*Anc. Évêchés*, t. IV, p. 108). Un procès jugé par Conan III, vers 1120, nous montre des chevaliers qu' doivent le terrage à Saint-Martin de Vertou (*Actes inédits des ducs*, n° XLI, loc. cit., t. XVII, p. 85).

nage nommé Raoul Saintes, que nous considérerions comme
un tenancier, si nous n'apprenions qu'il tient un fief du
prieuré de la Trinité de Fougères [1]. A la fin du même siècle, les
afféagements commencent à apparaître : en 1283, l'abbé de Saint-
Melaine donne à Thomas Brunel une terre à féage perpétuel ;
Brunel pourra en sous-afféager une partie, mais, sur cette partie,
l'abbaye conservera la juridiction et les droits seigneuriaux du
propriétaire suzerain [2]. Ainsi se compliquent les rapports de
personne à personne, ce qui tend à l'émiettement du régime
féodal.

Notons encore que, de très bonne heure, le mot *feodum*
désigne souvent une circonscription territoriale et non le lien qui
rattache une terre de fieffé à la personne du suzerain ; le *feodum*
n'est même pas toujours un grand domaine seigneurial, c'est
parfois simplement une tenure de paysan [3].

(1) En 1212, Robert de Chantelou donne à la Trinité de Fougères « tenementum illud quod tenebat de me Radulfus Seintes, scilicet duas acras terre in
campo de Forsa, de quibus idem Radulfus reddet annuatim predictis monachis
prioratus II quarteria frumenti ad magnam mensuram ad festum sancti
Michaelis et II panes et II gallinas ad Natale et XX ova ad Pascha... » (A. de
la Borderie, *Chartes du prieuré de la Trinité de Fougères*, n° XXIII, dans le
Bulletin de l'Association bretonne, an. 1851, p. 243). A la même époque, le même
Raoul Saintes engage, avec quelques autres hommes de Hodoil Mesnil, un procès
contre le prieuré : on règle les droits qu'ils doivent payer, à des termes fixes
« ... et ita predictis heredibus remanent tenementa sua *in feodo et hereditate*... » (Arch. dép. d'Ille-et-Vilaine, *fonds de Marmoutiers*, prieuré de la
Trinité, B).

(2) L'abbé « tradit Thome Brunel et Haoysie ejus uxori et heredibus in perpetuam tenuram vel feudagium vel hereditatem nemus nostrum de la Guine-
baudaie... reddendo nobis annuatim de dicto feudagio quadraginta solidos
monete currentis... Dicti vero Thomas et ejus uxor et sui heredes poterunt
coram nobis vel coram celerario nostro partem de premissis ejusdem hominibus
nostris vel hominibus sue condictionis ad tempus vel in perpetuum feudagium
ad subcensum annuatim sine prejudicio monasterii nostri, de quibus hominibus
habebimus districtum, jurisdictionem, obediencias, banna, vendas et ostisias et
omnia ad dominum feodalem pertinencia. Et ipsi Thomas et ejus uxor et eorum
heredes tantummodo habebunt subcensum. » (*Cart. de Saint-Melaine*, f° 199 v°
et 200).

(3) En 1260, Mathea de la Rouverie donne à l'abbaye de Saint-Georges « triginta solidos annui redditus, quos habebam et percipiebam in feodo de la Boscherie, videlicet viginti solidos, quod feodum de la Boscherie tenent Raginardus
Dabari et Johannes Chopel ; in feodo as Laubierges, decem solidos, quod feodum
tenet Guillelmus Gormant. » (*Cart. de Saint-Georges*, p. 231).

Ce caractère original de la féodalité bretonne a-t-il été déterminé par des influences celtiques? On pourrait en douter, si l'on considère qu'il est aussi apparent dans la Bretagne française que dans la Bretagne bretonnante. Cependant, il est possible que les mœurs et les coutumes celtiques se soient propagées en pays gallo. M. de la Borderie nous dit que, lorsque les comtes de Rennes et de Nantes constituèrent les fiefs frontières que nous avons cités, ils appelèrent à leur tête des Bas-Bretons; ces personnages amenaient avec eux toute une suite nombreuse de clients et de vassaux, imbus des traditions de leurs ancêtres[1]. Ainsi se seraient répandus les instincts sociaux des Celtes. Ce n'est là, il est vrai, qu'une pure hypothèse, dont on ne saurait rigoureusement démontrer la certitude.

Quoi qu'il en soit, nous pouvons affirmer, dès maintenant, que pour étudier l'histoire sociale de la Bretagne, il n'y a pas lieu d'établir une distinction sensible entre la Haute et la Basse-Bretagne.

CHAPITRE II

LES CADRES TERRITORIAUX

Dans les documents postérieurs au X⁰ siècle, on mentionne très souvent la paroisse. La paroisse correspond visiblement à la commune moderne, tout comme la *villa* des pays de l'est[2]. Mais elle n'est pas, comme la villa, une circonscription domaniale; elle n'est qu'une circonscription ecclésiastique. Elle comprend le plus

---

(1) Voy. A. de la Borderie. *Essai sur la géographie féodale*, pp. 12 et sqq., et *Revue de Bretagne et de Vendée*, 2⁰ série, t. VIII, pp. 434-36.

(2) En 1275, Hervé de Léon vend au duc de Bretagne les deux paroisses de Plouarzel et de Plougouvelen « sises en l'evesqué de Léon, o totes lor apartenances, fiez e demaines. » Ces deux paroisses forment aujourd'hui deux communes du canton de Saint-Renan (A. de la Borderie. *Actes inédits des ducs de Bretagne*, n⁰ CLVI, dans les *Mémoires de la Société archéologique d'Ille-et-Vilaine*, t. XIX, pp. 232-33). Les paroisses, énumérées dans le Cartulaire de Quimper (*Latin*, 9891, f⁰⁸ 43 v⁰ et 44), ont donné naissance à des communes modernes.

souvent un nombre assez considérable de *villa*, d'unités territoriales[1]. Lorsqu'un seigneur veut faire à une abbaye un don
important, il lui donne, non pas une *villa*, mais une paroisse
tout entière[2]. Remarquons encore que presque toujours la
paroisse comprend plusieurs subdivisions, très distinctes[3]. —
Dès le XI° siècle, au centre de quelques paroisses, nous trouvons
des agglomérations : qu'il nous suffise de citer le *vicus* de Tinténiac[4]. Mais le cas est rare : presque toujours, d'ailleurs, le mot
vicus désigne non un bourg, mais un territoire[5].

Tandis qu'en Bourgogne et en Champagne, chaque *villa* représente un territoire étendu et se trouve délimitée par une frontière
fixe, qu'on appelle le *finage*[6], en Bretagne, la *villa* ne
représente qu'un domaine de dimension restreinte, et cela, non
seulement dans les régions celtiques, mais en plein pays gallo,

---

(1) En 1124, le vicomte Alain « in parrochia Sancti Bilci dedit villam que
dicitur villa Auri et villam Cadoret... In parrochia vero que dicitur Melran,
dedit medietatem ville Guileric et medietatem ville Botbenalec... » (*Cart. de
Redon*, pp. 349-50). — En 1278, Saint-Aubin reçoit en don la « villa Sancti
Walleri sita prope Matignon in parrochia Sancti Germani » (A. de Barthélemy,
Anciens Évêchés de Bretagne, t. III, p. 160).

(2) En 1034, Alain, duc de Bretagne, cède à Saint-Georges « parrochiam in
Britannia que vocatur Plubihan cum omnibus consuetudinibus nobis inde perti-
nentibus, cum equitibus et villanis, cum terra culta et inculta, cum carrucis
etiam et bobus, omnique dominio imperpetuum possidendam » (*Cart. d Saint-
Georges*, p. 112). La veuve d'Alain, Berthe, donne à la même abbaye la paroisse
de Ploganou, dans le diocèse de Léon (*ibid.*, p. 118). — En 1334, le duc Jean
donne à son fils naturel Jean « la paroche de Liquent ensemblemen o la ville
de Rosprenden et de viel Marchié, » avec toutes leurs dépendances. (Dom Morice,
Preuves, I, c. 1368).

(3) En 1228, un évêque de Quimper fonde un *obit* : il donne une terre au chapitre : « Tota autem dicta terra est in parrochia de Chuthon in illa parte parrochie
que Soucwenhaes vulgariter nuncupatur, salvo nobis illius terre quamdiu vixe-
rimus usufructu. » (*Cartul. de Quimper*, Bibl. nat., fonds latin, n° 9891, f° 35).

(4) Voy. *Cart. de Saint-Georges*, pp. 91 et sqq.

(5) Vers 1040, l'abbaye de Saint-Georges reçoit le lac de Guipeel, « in vico qui
dicitur Guippetel constitutum. » Le donateur ajoute : « Tradidi terram quam
Popelinus tenebat, que tante mensure est quantum utrisque temporibus uni
aratro sufficit, que terra in vico Aziniaco sita est (*ibid.*, p. 105). — Il semble
donc qu'il ne faille pas accepter sans défiance cette assertion de M. Flach, que
« le mot vicus n'est employé que dans des cas exceptionnels pour désigner une
villa, un fundus » (J. Flach, *les Origines de l'ancienne France*, t. II, p. 53).

(6) Voy. Ch. Seignobos, *le Régime féodal en Bourgogne*, pp. 7 et sqq., et
Henri Sée, *Études sur les classes serviles en Champagne*, p. 4.

dans les environs de Rennes[1]. On peut s'en rendre compte d'une
façon précise. Examinons, par exemple, le Cartulaire de Saint-
Georges : un très grand nombre de *villa*, dont les noms se sont
conservés jusqu'à nos jours, ne sont encore maintenant que des
écarts de communes[2]; une *villa*, appelée Pan, n'est qu'une
métairie, située dans le pays de Bruz[3]. Nombre de fiefs, qui ne
sont pas très considérables, s'étendent sur plusieurs *villa*[4]. Il est
de ces unités domaniales pour la culture desquelles deux charrues
suffisent[5]. — D'une façon générale, on peut dire qu'une villa
ne contient guère, au maximum, qu'une quinzaine ou une vingtaine de cultivateurs[6].

Chacune de ces circonscriptions a le plus souvent comme centre
un petit hameau, composé seulement de quelques maisons.
L'on rencontre même fréquemment une unité domaniale de plus
petite dimension encore : c'est l'*hébergement*, c'est-à-dire l'exploitation rurale, sur laquelle se trouve une ferme isolée, qui
est, en même temps, une maison d'habitation, et qui sert parfois
de résidence à une famille noble : c'est le prototype de ce qu'on
appellera plus tard une gentilhommière[7].

(1) Cf. *Cartul. de Saint-Georges*, passim.
(2) Dans le Cartulaire de Saint-Ge ges, au XIIᵉ siècle, sont mentionnées des
villa, qui ne sont que des portions de communes : par exemple, Coetleis, sis dans
la commune de Saint-Domineuc : la Bouhordière et Trefrioc, dans la même commune ; Carabouet et Trégaret, dans la commune de Tinténiac, etc. (*Ibid.*, p. 137).
(3) *Ibid.*, p. 156.
(4) En 1282, Geoffroy de Saint-Monan donne à Yolande de Spinefort « omne
illud quod habebat... in villis nominatis Melin, Jouan, Botsav, Kaerlivon, Kaer-
bryent, Kaer-en-lan, Bot-Euzen..., cum omnibus dictarum villarum pertineneiis
quibusque, in parrochia de Benbri et feodo quoque sub dominio nostro... »
(*Cart. du Morbihan*, nᵒ 397, dans la *Revue historique de l'Ouest*, Doc., p. 400).
(5) En 1128, Alain, vicomte de Rohan, donne à Saint-Martin de Josselin
« totum burgum ante portam castri mei novi quod vocatur Rohan, et unum
molendinum et dimidiam villam, id est terram ad unam carrucam sufficientem
prope meum castrum... » (*Cart. du Morbihan*, nᵒ 205, loc. cit., pp. 72-73).
(6) Au XIVᵉ siècle, la villa de Lestrefguenc comprend 23 censiers ; celle de
Kaerganter, 15 ; Kaerandoulff, 33 ; Kaertruc, 18 ; Anburonnou, 5 ; Kaergoz, 19 ;
la Ville-Gautier, 24 ; Neguez, 15 (*Cartul. de Quimper*, Bibl. nat., latin, 9891,
fᵒˢ 38 et sqq.). Voy. l'Appendice.
(7) En 1259, Guillaume Durand donne à un couvent « herbergamentum suum
de Sancto Maclovio in parrochia de Henansal cum viridario suo adjacente, per-

Presque partout, dans la Bretagne du Moyen-Age, la campagne est parsemée de maisons isolées[1]. Encore aujourd'hui, en ce pays, les agglomérations rurales sont peu considérables; comme au Moyen-Age, on trouve beaucoup de fermes isolées, et, comme au XII° siècle, les champs sont séparés les uns des autres par de hauts talus, plantés d'arbres[2].

Cette forme de groupement, très nette, a-t-elle pour origine de vieilles coutumes celtiques? C'est possible, car, avant le X° siècle, elle prédomine surtout dans les parties de la péninsule, qui ont subi le plus directement l'influence des invasions bretonnes. D'autre part, le mode de culture, l'abondance des pâturages ont pu développer les exploitations isolées, aux dépens d'agglomérations plus considérables.

petuo et pacifice possidendum, ita tamen quod quamdiu dictus Guillelmus in dicto herbergamento inhabitabit, tenetur solvere dictis abbati et conventui unam perream siliginis infra nundinas Lamballi annuatim ; relevanciam autem omnem dicti herbergamenti et viridarii super residuo sui feodi atornavit. » (*Anciens Evêchés*, t. III, p. 132). — En 1291, le clerc Thomas donne à frère Olivier d'Orgères, moine à Saint-Melaine « partem predictum Thomam contingentem in terra et feudo de Lamasure et de Lagaufrnie sub dominio domini Fulconis de Matefelon militis.... et in parrochia de monasterio Beiton et de Melecia pro parte ipsum fratrem Oliverium contingente in quodam herbergamento sito inter herbergamentum dicti Thome ex una parte et herbergamentum librorum defuncti Guillelmi de Orgeriis sub dominio et parrochia Beati Georgii Redonensis. » (*Cart. de Saint-Melaine*, fo 125 vo).

(1) Dans la confirmation faite par Boniface VIII des possessions du chapitre de Dol (1294-1303), on nous cite un grand nombre de maisons isolées : « in Lavotre, *mansuram* Garmunt, mansuram Guillelmi de Dinan, mansuram Radulphi Heremite et juxta unum curtile... In Hirel et in Vivario octoginta acras terre cum mansuris..., mansuras filiorum Eremburgis cum duabus acris terre (A. de la Borderie, *le Régaire de Dol*, App. no VII, Mém. de la Soc. archéologique d'Ille-et-Vilaine, t. II, 1863, pp. 213 et sqq.). En 1176, Quiriacus, évêque de Nantes, donne à l'abbaye de Quimperlé une terre à Losquidie « ubi bina duorum habitacula hominum possint construi cum sufficienti terra ad araturam boum aptam » (*Cart. de Quimperlé*, Nouv. acq. latines, no 1427, fo 66).

(2) Cf. Geslin de Bourgogne et An. de Barthélemy, *les Anciens Evêchés de Bretagne*, t. III, Prolégomènes, p. CXVIII.

CHAPITRE III

LE MORCELLEMENT DE LA PROPRIÉTÉ

Quoi qu'il en soit, un fait dominant en Bretagne, dès le XIᵉ siècle, c'est le morcellement de la propriété féodale. De très bonne heure, on trouve des métairies, des hébergements, qui correspondent à des unités domaniales [1]. Il est des domaines qui ne comprennent qu'une maison et quatre arpents de terre comme celui que Hugo, fils de Ricard, vers 1156, donne à Saint-Malo de Dinan [2]. Certains fiefs ne s'étendent guère que sur une tenure [3]. Déjà au XIIᵉ siècle, un domaine paraît considérable, lorsque, comme celui de la Chapelle-Janson, il est cultivé par une trentaine de tenanciers [4].

Le morcellement s'accentue au XIIIᵉ siècle, grâce à la constitution de nouveaux fiefs, grâce surtout aux dons que les fidèles ne cessent de faire aux églises [5]. Les propriétés des abbayes se composent, en grande partie, d'un très grand nombre de petits

(1) En 1304, une dizaine de copropriétaires « requirent que il ont vendu e vendirent purement et simplement a Henry de Pludran pour deez livres de monae corante..., un herbergement de terre, o ses apartenances, ouquel Geffrey Blanchart de Coelen soloit mendre entre la terre Johaenne Lemoenne, d'une partie, e la terre Guillaume Visdelou, de l'autre... » (*Anciens Evêchés*, t. IV, pp. 210-11). En 1236, Geoffroy de Saint-Albin, sergent du duc de Bretagne, vend à Mᵉ Alain, alloué « quamdam medietariam quam habebat in feodo domini Rivalloni Borrigan militis in parrochia Sancti Ermelandi... habendam, tenendam et explotandam dicto Alano et heredibus suis in perpetuum pacifice et quiete et ad totam voluntatem suam plenarie faciendam... » (Arch. de la Loire-Inférieure, E. 79, fᵒ 11).

(2) Il donne « omne dominium meum de Gaudocheria scilicet IV jugera terre, et dimidium prati et unam domum et quemdam ortum ad Solum Gallum. » (*Chartes de Saint-Malo de Dinan*, dans les *Anciens Evêchés*, t. IV, p. 405).

(3) Voy. *Cart. de Saint-Georges*, p. 153, et dom Morice, *Preuves*, t. I, p. 401.

(4) *Cart. de Saint-Georges*, p. 158.

(5) Dès le XIᵉ siècle, les fidèles donnent aux églises de très petites parcelles : à cette époque, Even, fils de Catguallun, donne à Sainte-Croix de Quimperlé « quartam partem ville sancte Marie de Caer. » (*Cart. de Quimperlé*, fᵒ 72 vᵒ). Au XIIᵉ siècle, nous voyons un comte donner à l'abbaye de Lantenac « quartam partem unius ville et medietatem unius ville in Kergu. »

domaines épars. L'abbaye de Saint-Melaine reçoit du seigneur de
Mayenne le Champ-Hardi, qui n'a que quatre arpents [1] ; à Thori-
gné, elle acquiert de l'abbé de Savigny, moyennant trois sous de
rente, une petite terre et un pré contigu [2] ; en 1227, un
chevalier lui donne le tiers de la tenure de Nogues [3]. On
pourrait multiplier les exemples.

Observons aussi que, surtout au XIIIᵉ siècle, le moulin, la
grange, qui sont des parties constitutives de toute seigneurie un
peu importante, forment souvent comme des unités territoriales
distinctes, auxquelles attiennent des champs, des prés, des terres
de toute nature [4]. Les églises paroissiales, depuis longtemps, sont
devenues les centres de véritables petits domaines, qui comprennent des maisons, des champs labourables, parfois un moulin,
des vignes [5].

Pour nous rendre un compte plus exact de ces faits, examinons
une paroisse des environs de Rennes, Acigné, dont la superficie
n'est pas très considérable. Le principal propriétaire est le seigneur d'Acigné. L'abbaye de Saint-Georges, dès le XIᵉ siècle,
a reçu du duc de Bretagne les trois hameaux d'Espargé, d'Epinay,
de Grébuisson [6] ; de Raoul d'Acigné, trois quartiers de terre [7] ;

(1) *Cart. de Saint-Melaine*, fᵒ 174 vᵒ.
(2) *Ibid.*, fᵒ 175 vᵒ.
(3) *Ibid.*, fᵒ 128.
(4) En 1279, Ruellan de Langiamel, écuyer, cède à Sainte-Marie de Boquen
« quidquid juris, sesine, proprietatis, dominii, occasionis, actionis habebat et
habere poterat et debebat, totum pro toto, in grangia de Quarberhaut cum pertinenciis suis, tam terris quam pratis, locis archagiis seu rebus aliis... » (*Chartes
de Sainte-Marie de Boquen*, dans les *Anciens Erêchés*, t. III, p. 286). Dans le
Cartulaire de Saint-Melaine, nous voyons des granges qui sont soumises à des
dîmes particulières (fᵒˢ 41 vᵒ et 42).
(5) Vers 1130, Donald, évêque de Saint-Malo, donne à Saint-Martin de Josselin le tiers de l'église de Guer « cum omnibus ejus appenditiis, videlicet cum
vineis et quatuor jornalibus terræ juxta Querbigec, cum domibus, cum ortis
earum. » (*Cart. du Morbihan*, nᵒ 202, *loc. cit.*, an. 1894, *Doc.*, pp. 70-71). Au
XIIᵉ siècle. Haimo donne à Marmoutiers « quamdam mei juris ecclesiam in loco
qui dicitur Solus Gallus sitam, cum omnibus quæ pertinent ad eam, videlicet
decimam, offerendam, sepulturam et terram ad unam carrucam, scilicet media-
turam Ulmeti et pratum quod dicitur Trifolium. » (Dom Lobineau, *Preuves*,
col. 198).
(6) *Cart. de Saint-Georges*, p. 145.
(7) Vers 1060 (*ibid.*, p. 146).

de Paien d'Acigné, au XIIe siècle, le pré de Voure [1]. Au
XIIIe siècle, plusieurs fiefs nouveaux se constituent, notamment
le fief d'Auger de Montfelon qui dépend du seigneur d'Acigné,
et comprend vingt arpents de terre arable [2]. — D'autre part,
toutes les dîmes, qui appartenaient à des laïques, ont été peu
à peu cédées aux seigneurs ecclésiastiques.

On ne peut nier qu'il n'y ait en Bretagne de très grandes seigneuries et de très grands domaines. Mais une seigneurie peut
avoir une juridiction très étendue, dominer un très grand nombre
de fiefs, et ces fiefs peuvent être de petite dimension. Pour se faire
une idée précise de l'état de la propriété, à l'époque féodale, il faut
moins considérer la situation des grands seigneurs féodaux que
celle des fieffés, qui se trouvent dominer directement la classe
des cultivateurs : ces fieffés sont en général d'assez petits propriétaires. Et, quant aux abbayes, dont quelques-unes sont fort
riches, leurs domaines, comme partout ailleurs, sont fort épar-
pillés, puisqu'ils ont été constitués par une infinité de dons et
d'aumônes.

CHAPITRE IV

LES PARTIES CONSTITUTIVES DU DOMAINE

En dépit de ces morcellements, tout domaine seigneurial de
quelque étendue conserve ses deux parties constitutives, dont
l'origine est très lointaine [3]. On distingue le domaine, dont le
seigneur s'est réservé la jouissance, l'ancien *mansus indomini-
catus*, et les tenures occupées par les paysans [4].

---

(1) *Cart. de Saint-Georges*, p. 161.
(2) *Cart. de Saint-Melaine*, f°s 112 v° et 113.
(3) Voy. Fustel de Coulanges, *l'Alleu et le Domaine rural pendant l'époque
mérovingienne*, pp. 360 et sqq.
(4) En 1284, le duc Jean donne à l'abbaye de Coatmalouen « villam quæ
vocatur Villa Endrant, *teneuras et domanicas terras* cum omni propria terra....,
villam que vocatur Lanvoul *cum terris domanicis et teneuria* .. » (*Anciens
Evéchés*, t. VI, p. 201).

Au domaine réservé se rattachent non seulement des jardins, mais des terres de culture, et, en général, les granges, les moulins, les fours, les forêts, les landes, les prés, les pâturages. C'est sur ce territoire qu'est construit le château fort du seigneur, ou, tout au moins, sa maison d'habitation, son manoir[1].

Des tenures des paysans représentent la portion la plus considérable du domaine : leur individualité, si l'on peut dire, est aussi nettement accusée que celle du domaine lui-même.

La distinction que l'on vient de décrire est essentielle : on la retrouve au XV° siècle [2], et elle doit persister jusqu'à la fin de l'ancien régime : au XVII° et au XVIII° siècles, tout domaine possède un manoir, entouré de jardins et de prés [3].

Cette division du domaine en deux portions est d'une importance capitale, pour qui veut comprendre tout le mécanisme de l'exploitation domaniale. Les paysans, qui cultivent les tenures, doivent payer à leur seigneur des redevances de toute espèce, qui représentent comme le prix de leur fermage. Mais en même temps, comme ils sont sujets du propriétaire, ils sont astreints à cultiver pour lui, sans rétribution aucune, la portion du domaine, qu'il n'a pas partagée entre ses tenanciers.

---

(1) A Verne, l'abbaye de Saint-Melaine possède un manoir (*Cart. de Saint-Melaine*, f°° 140 et sqq.).

(2) En 1402, Jean de la Rivière fait aveu de son domaine au duc de Bretagne : il mentionne « une pièce de terre en laquele est sis mon herbergement, ouquel ge demeure a present nomé le herbergement de la Ripviere, contenant oultre huit mesons une courtilx, mazoulx, prez, terres arables que non arables, doux journalx de terre et un pré doux hommes de pré... » (Arch. de la Loire-Inférieure, E. 148).

(3) L'aveu de 1686 nous décrit un domaine dans « la tresfve de Tresfmeur » : on distingue le domaine seigneurial de Gaudiner, qui comprend une grande maison, un jardin, un courtil, quelques journaux de terre arables, et 84 tenures, qui dépendent de la seigneurie (*ibid.*, B. 9, f°° 6 et sqq.). Vers 1680, la maison noble de la Grassiumais présente une disposition analogue : le territoire de réserve comprend une grande maison, des dépendances, des jardins, des pièces de terres et des landes, où le seigneur a le droit de faire faucher (*ibid.*, B. 14, f° 45 v°).

TROISIÈME PARTIE

DE LA CONDITION PERSONNELLE DES PAYSANS

———

Nous avons pu déterminer, en Bretagne, trois phénomènes qui paraissent concorder les uns avec les autres : la hiérarchie féodale est moins nettement constituée que dans la France du centre et de l'est; les cadres territoriaux sont aussi moins fixes et de dimensions plus restreintes; la propriété semble plus morcelée. — L'aristocratie féodale est donc moins forte que dans d'autres régions; les propriétaires, moins puissants. Si la condition des paysans est aussi moins dure que dans le reste de la France, nous n'aurons pas lieu de nous en étonner.

CHAPITRE PREMIER

LE SERVAGE EN BRETAGNE

En Bretagne, comme dans toute la Gaule, nous l'avons vu, on trouve, au IX⁰ siècle, des esclaves (*servi*) et des colons. Mais les colons sont déjà plus nombreux que les esclaves; en Bretagne, comme partout ailleurs, l'esclavage disparaît rapidement : l'ancien esclave a reçu une tenure, sur laquelle il est fixé, et qu'il peut transmettre à ses enfants; il possède une sorte de patrimoine, et, grâce au christianisme, il a une famille sur laquelle il exerce une autorité légitime.

Dans presque toute l'ancienne France, au X⁰ et au XI⁰ siècles, les habitants des campagnes, en grande majorité, sont serfs; ils sont les *hommes de corps* du seigneur, ils lui sont soumis personnellement, ils sont astreints à la mainmorte, au formariage, à la taille arbitraire[1]. En Bretagne, au contraire, à partir du Xe siècle, comme M. de la Borderie l'a très justement observé, il semble qu'il y ait eu très peu de serfs [2].

Un premier indice, c'est que le mot *serf* ne se rencontre, pour ainsi dire, jamais dans nos documents. Mais, quand on étudie un état social, il faut moins se préoccuper des termes que de la réalité des choses. Or, quels sont les caractères distinctifs de la condition servile au Moyen-Age? Ce sont essentiellement la mainmorte, le formariage, la taille arbitraire.

La mainmorte est un droit de succession qui ne porte que sur le serf : en vertu de ce droit, le seigneur hérite de tous les biens du serf, qui meurt sans enfant vivant en communauté avec lui. — Le formariage, c'est le droit que perçoit le seigneur sur ses sujets, qui se marient hors du domaine. — La taille arbitraire livre le paysan aux exactions du maître, qui peut lever sur lui, et à tout moment, une redevance dont le taux ne dépend que de son bon plaisir : sous le régime de la taille arbitraire, il n'est pour le serf aucune garantie [3].

Ces données nous permettent de conclure, avec M. de la Borderie, que les *mottiers* [4] du vicomte de Rohan sont véritablement des serfs. Ils ne sont pas soumis, il est vrai, au formariage, qui semble inconnu en Bretagne. Mais le seigneur reprend possession de leurs terres, lorsqu'ils meurent sans enfants mâles; il leur succède, à l'exclusion des filles [5]. — Les mottiers sont comme rivés à leur tenure : s'ils l'abandonnent, dit un acte de 1479, « le seigneur peut leur faire mettre la corde au cou, les ramener à leur motte, et leur infliger punition corporelle ou pécuniaire [6]. » Ils ne peuvent désavouer leur seigneur et s'af-

---

(1) Voy. Achille Luchaire, *Manuel des institutions françaises, période des Capétiens directs*, Paris, 1892, pp. 299 et sqq.

(2) Voy. A. de la Borderie, *Mémoire sur le serrage en Bretagne avant et depuis le Xe siècle*, dans les *Mémoires de la Société archéologique du département d'Ille-et-Vilaine*, an. 1861, t. I, pp. 101 et sqq.

(3) Cf. Achille Luchaire, *loc. cit.*

(4) Ce terme correspond évidemment à l'expression : *serfs de la glèbe.*

(5) Dom Morice, t. II, p. CLXXIII.

franchir qu'à la condition de « faire bannir ou convenant franc
au Duc, » c'est-à-dire de faire un séjour d'un an et un jour,
sous la protection du duc de Bretagne, dans ses châteaux de
Lesneven ou de Châteaulin [1]. Les fils de mottiers n'ont pas le
droit de devenir clercs sans l'autorisation du vicomte. Celui-ci
peut encore les « tailler » à sa volonté deux fois par an : il lève
donc sur eux la taille arbitraire, mais limitée en un sens,
puisqu'elle ne peut s'exercer d'une façon constante [2]. Il n'en
est pas moins vrai que les mottiers sont soumis à la condition
servile [3].

Il est regrettable que les seuls documents précis, que nous
ayons conservés sur les serfs de Bretagne, datent du XIV° ou du
XV° siècle. Mais on peut affirmer sans crainte que les mottiers
du XII° ou du XIII° siècle n'avaient pas plus de liberté que leurs
descendants. D'ailleurs, il semble bien que, dès le XI° siècle,
dans des actes relatifs à Sainte-Croix de Quimperlé, on trouve
des traces du servage [4].

Et même nous ne saurions affirmer avec autant d'assurance
que M. de la Borderie, qu'à partir du X° siècle, hors le diocèse de
Léon et la presqu'île de Crozon, il n'y ait plus de serfs en Bretagne [5].

(1) Voy. l'ordonnance de Bertrand du Guesclin, de 1375, relative aux « serfs
et taillifs » du vicomte de Rohan, « quels par usement et gouvernement ancien
d'iceux terrouers ne povaient nullement desavouer lourdit seigneur ne eux franchir, fors par eux faire bannir ou convenant franc au Duc, par einsin que ceux
de Leon devoient demourer et faire leur residence jour et an sans partir du
chastel de Lesneven et ceux de Cornouaille a Chasteaulin en Cornouaille sem-
blablement. » (Dom Morice, *Preuves*, t. II, cc. 99-100).

(2) Cf. une enquête de 1411 : « Dit de plus ce témoin que le seigneur de Léon
a plusieurs hommes taillifs à motte selon la coutume et condition de Rivelen en
ses terres de Léon et de Cornouailles, lesquels il peut contraindre à faire résidence à leurs mottes selon ladite coutume et les tailler à volonté deux fois par
an en leur laissant provision convenable pour eux, leurs femmes et leurs enfants »
(*Ibid.*, col. 849).

(3) Pour tout ce qui précède, cf. A. de la Borderie, *op. cit.*

(4) Cf. *Cart. de Quimperlé*, f° 36 : « De terris Glemeren, quinque sextaria
frumenti et pastum unum et quæcumque jura ad comitem pertinent et bannum
et *incisuram atque illud quod gualeer appellant.* »

(5) A. de la Borderie, *op. cit.*, pp. 110 et sqq.

La vérité, c'est qu'il y en a peu; il y a surtout très peu de personnes sur qui l'on voie peser à la fois toutes les charges caractéristiques du servage; mais il existe encore des paysans qui sont soumis à l'une ou l'autre de ces charges, et dont la condition semble être, si l'on peut dire, *semi-servile*.

L'un des signes essentiels du servage, la mainmorte, qu'on appelle *gualoir* en Bretagne, est peut-être plus répandue qu'elle ne le paraît au premier abord. Nous ne citerons pas seulement ce territoire de Treu-Rediern, donné à l'abbaye de Quimperlé, en 1069, et sur lequel les biens du paysan, mort sans enfants, reviennent au propriétaire : ce domaine est situé dans une région où nous savions déjà que le servage a persisté plus longtemps [1]. Mais l'abbaye de Redon elle-même, dans un tout autre pays, acquiert, en 1019, un domaine sur lequel se lève le gualoir [2]; vers la même époque, l'abbaye de Saint-Georges reçoit de la comtesse Berthe la paroisse de Plogasnou, dans laquelle, entre autres redevances, celle-ci avait coutume de percevoir le gualoir [3].

La taille arbitraire, quoique très rare, existe cependant, et sur des domaines où la mainmorte est inconnue. L'enquête, relative aux droits de l'archevêque de Dol, qui fut faite en 1181, nous montre un assez grand nombre de tenanciers, qui doivent la taille au gré de l'archevêque, sans garantie aucune [4]. Il semble bien aussi qu'à Guérande, au XIIᵉ siècle, le duc de Bretagne et l'abbé de Redon lèvent sur leurs hommes la taille arbitraire [5].

---

(1) « Præterea res hominis qui absque liberis obierit in ipsa tribu et alieni etiam de aliena terra ibi defuncti gualoer, proprium est sancti Amandi. » (Dom Morice, *Preuves*, t. I, col. 432).

(2) *Cart. de Redon*, p. 276.

(3) *Cart. de Saint-Georges*, p. 128 (acte de 1040).

(4) Un témoin déclare « quod Fobaudus reddebat archiepiscopo talliam ad placitum archiepiscopi... et quod feudum Roberti Fulcheri filii reddebat I minam frumenti et III solidos et alias tallias... Feudum Brientii... reddebat archiepiscopo III sol., mangerium et tallias... » (Dom Lobineau, *Preuves*, col. 134).

(5) En 1112, le duc de Bretagne, Conan, abandonne aux moines de Redon, la taille, « exactionem quamdam seu talliam, » qu'il avait coutume de lever sur

Ces individus sur lesquels pèse ou la mainmorte ou la taille arbitraire, mais qui sont exempts des autres charges du servage, se trouvent dans une situation intermédiaire, qui n'a pas lieu de nous surprendre : même au Moyen-Age, les conditions sociales ne sont pas toujours déterminées avec une netteté parfaite; et c'est bien en Bretagne que cette indétermination semble le plus frappante.

Les faits, que nous venons de citer, peuvent nous induire à penser que le servage n'était pas tout à fait aussi borné qu'on l'a déclaré jusqu'ici. Mais voici de nouvelles présomptions encore plus fortes. Il existait, non seulement dans le Léon, mais en Cornouaille et dans le pays de Tréguier, des paysans qu'on appelait *quevaisiers*.

Au quevaisier, il était interdit de quitter sa tenure; il ne pouvait, sans en perdre le bénéfice, la délaisser plus d'un an et un jour. Mourait-il sans enfants, le seigneur héritait de tous ses biens. S'il laissait des enfants, sa tenure revenait au plus jeune fils, au *juveigneur*, et si le juveigneur mourait sans postérité, ses frères ne pouvaient lui succéder; le seigneur reprenait possession de la terre. Les quevaisiers sont donc soumis à une très dure mainmorte[1]. M. Loth voit dans cette institution la trace

leurs hommes : « Modum autem faciendæ atque capiendæ ejusdem talliæ sic eis constitui, ut quotiens ego Conanus vel hi qui in loco vel honore meo duces Britanniæ successerint, suos homines de Guerrandia talliaverint, totiens abbas rotonensis vel monachus cui præceperit, præfatos homines suos juxta quantitatem et numerum eorum pariter talliabit... » (*Cart. de Redon*, pp. 389-90 Appendix. n° LXVII).

(1) Voy. Hévin, *Coutumes générales du pays et duché de Bretagne*, pp. 385 et sqq.. Cf. surtout Hardouin, *l'Abolition de la quevaise au Relec*, dans le *Bulletin de la Société archéologique du Finistère*, t. XII. 1885, pp. 53 et sqq. M. Hardouin cite (pp. 67 et sqq.) des lettres patentes de Henri III, de 1575, qui autorisent l'abbé de Relec à transformer les quevaises en censives. L'abbé a exposé lui-même, disent les lettres, que sur son domaine se trouvent « plusieurs terres tant nobles que roturiers, lesquelles ont droit de quevaize quy est tel que toutz hommes subjects audit exposant demeurantz sur cesd. terrez et appartenances viennent a deceder sans enffentz procédés en loial mariage, toutz leurs biens imeubles demeureront aud. exposant et ou ilz auroient des enffentz le Juigneur et puisnnay demeurera heritier de toutz et checunz leurs immeubles et couvenants sans qu'ils en puissent laisser aulchune portion a leurs aultres enffants... »

de l'ancien colonat gallois[1] : c'est une hypothèse vraisemblable. Mais, tout en l'admettant, on peut penser aussi et sans contradiction que les quevaisiers, dont la condition nous est surtout connue par des documents du XVIᵉ siècle, sont des descendants de serfs, qui n'ont pas encore obtenu un complet affranchissement.

Quoi qu'il en soit, il est bien évident que, dans ses lignes générales, mais en y apportant quelques restrictions, il faut accepter la conclusion de M. de la Borderie : il y a peu de serfs en Bretagne ; il y en a beaucoup moins que dans la plupart des autres régions françaises.

Quant aux origines du servage en Bretagne, il n'est pas malaisé de les discerner. Elles sont à peu près identiques dans toute l'ancienne France. A n'examiner que les origines secondaires, dans la plupart des régions françaises, on peut devenir serf par le mariage, le domicile, la guerre, la condamnation en justice, la donation, l'oblation[2]. En Bretagne, seule l'oblation a pu contribuer à former la classe servile. Nous voyons des personnes qui, mues par un sentiment de piété, font abandon de leur liberté à telle ou telle église[3]. Mais remarquons qu'elles cèdent en même temps leurs biens; le fait essentiel de l'oblation, c'est moins l'abandon de la personne que l'aumône de la propriété[4].

---

(1) J. Loth, *Les Mots latins dans les langues brittoniques*, pp. 39-40.

(2) Achille Luchaire, *op. cit.*, pp. 295 et sqq.

(3) Le Cartulaire de Landevenec contient plusieurs exemples d'oblations. Voici une oblation qui, d'après le Cartulaire, remonterait au IXᵉ siècle : « Eodem tempore erat quidam vir sanctus Dei nomine Berduualt, qui et se ipsum commendavit et omnia sua, id est Lan Herprit et locum qui vocatur Lan Bertuualt, cum omnibus eis apendiciis, sancto Uuingualoeo in dicumbitione. » (*Cart. de Landevenec*, p. 150, nᵒ XV).

(4) Cf. *Chartes de Saint-Aubin*, dans les *Anciens Evêchés*, t. III, pp. 141-142, acte de 1263 : « Noveritis quod in mea presencia constituta Johanna, filia Gaufridi Le Goz, dedit se et sua mobilia et immobilia, cum assensu et bona voluntate Aufredi mariti sui, abbacie et conventui sancti Albini..., et omnia que habere poterat ex hereditate Gaufridi Le Goz, patris sui, tam in hiis que in sua sesina erant quam in hiis que non erant. » Cf. encore, *ibid.*, p. 138, un acte analogue de 1261. — En 1332, la veuve d'un bourgeois de Rennes fait don de sa personne à Saint-Melaine, « dedit se cum manerio suo, domibus, pratis, clausuris et habitacionibus ejusdem et quodam clauso ante herbergamentum seu manerium existente, vulgariter nuncupato clauso Guenon prout dicte res situantur longe lateque in territorio de Poliandro in parrochia sancti Stephani Redonensis. » (*Cart. de Saint-Melaine*, fᵒ 27 vᵒ et 28).

Il est vrai que, par cette cession même, le fidèle tombe dans un état de sujétion. Mais cet état correspond-il au servage? C'est ce que, dans la plupart des cas, l'on ne saurait déterminer avec évidence. En somme, comme partout ailleurs, c'est surtout la naissance qui détermine la condition servile : les serfs du Moyen-Age, en Bretagne, sont les descendants des esclaves ou des colons qui, avant le X° siècle, cultivaient les campagnes pour le compte des hommes libres, leurs propriétaires et maîtres.

Une question plus intéressante encore serait de rechercher pourquoi, au Moyen-Age, les classes rurales n'ont pas été uniformément soumises au servage comme dans les régions du centre et de l'est. M. de la Borderie, avec beaucoup de vraisemblance, attribue ce phénomène aux invasions des Normands[1]. Il est certain que les Normands ont exercé de terribles ravages sur la plus grande partie de la Bretagne. Des régions entières sont redevenues complètement désertes[2]. Pour défricher à nouveau toutes ces terres, il a fallu sur maint domaine appeler des cultivateurs étrangers qui, sans doute, ont pu imposer au propriétaire certaines conditions ou, tout au moins, en obtenir des garanties sérieuses; ces cultivateurs sont de véritables *hôtes*, comme on en trouve au Moyen-Age dans tous les pays; seulement, en Bretagne, par le fait même des circonstances, ils ont été beaucoup plus nombreux[3]. Ainsi s'expliquerait cette légende, que nous rapporte M. de la Borderie, et qui attribue au comte Alain Barbe-Torte l'abolition du servage en Bretagne[4]. Il est peu probable que le comte ait songé à accomplir un acte de cette sorte ou qu'il

---

(1) A. de la Borderie, *op. cit.*
(2) Voy. plus haut, p. 24.
(3) Alain, duc de Bretagne, donne à Saint-Martin l'ancien monastère de Saint-Exupère, ravagé par les Normands; il abandonne tous les droits qu'il pouvait avoir sur le domaine : « De silva ad excolendum distribuere ipsi monachi in quantum voluerint liberam habeant facultatem... » (Dom Lobineau, *Preuves*, col. 236).
(4) A. de la Borderie, *la Bretagne aux grands siècles du Moyen-Age*, Rennes, 1892, pp. 22-23.

en ait eu l'autorité. Mais il est possible que, sous son règne même, c'est-à-dire dans la première moitié du X⁰ siècle et à la suite des incursions normandes, le servage ait de fait presque entièrement disparu.

D'ailleurs, si les invasions normandes constituent la plus mémorable des catastrophes qui aient fondu sur la Bretagne, il y a eu d'autres désastres. Le Moyen-Age est une époque troublée ; à tout instant éclatent des guerres privées, qui dévastent le pays et ne laissent plus une pierre debout[1]. Les brigandages sont fréquents aussi[2]. Les paysans sont livrés sans défense aux hommes d'armes ; il n'est pas douteux, qu'à certains moments, la dépopulation n'ait été très forte dans les campagnes.

Indépendamment de tous ces ravages, il est probable que tout l'intérieur de la péninsule était désert depuis de longs siècles, couvert de forêts, qui ne se sont que peu à peu éclaircies. A partir du XI⁰ siècle, le travail de défrichement a été activement mené, surtout par les établissements ecclésiastiques. De nombreux documents nous révèlent cette œuvre de colonisation[3]. Parmi beaucoup de faits analogues, voici un exemple particulièrement caractéristique : en 1085, un nommé Adam donne à Saint-Florent de Dol la terre de Lande-Huan, dans les environs de Hédé ; c'est un endroit tout à fait inculte. En 1163, sur ce do-

---

(1) En 1133, Guégon de Blain donne à l'abbaye de Redon tout ce qu'il possédait à Ballac. Deux moines lui ont suggéré cette idée : « Intimaverunt etiam ei ut præfatum locum Ballac qui sub Oliverio de Ponte de sua et propria hereditate erat quique per diuturnas guerras in solitudine et vastitate redactus erat et erat transitus et conversatio latronum, ad hoc verteret ut ibi esset conversatio et habitatio Domino Deo Salvatori famulantium. » (*Cart. de Redon*, p. 395, appendix n⁰ LXXIV). En 1250, Gui d'Argentré, d'une part, et ses frères Geoffroy et Olivier de Montfort, de l'autre, s'accusent réciproquement d'avoir ravagé leurs terres et malmené leurs hommes (*Anc. Evêchés*, t. III, p. 113).

(2) En 1131, un nommé Olivier fait une donation à Saint-Sauveur : il veut se faire pardonner les brigandages qu'il a exercés sur les domaines de l'abbaye (*Cart. de Redon*, p. 394, appendix n⁰ LXXII).

(3) Au XI⁰ siècle, un nommé Bertrand donne au prieuré de Jugon « quandam partem terre circa eandem capellam *ad hospitandum* vel ad faciendum quod monachis placueri*... » (*Anc. Evêchés*, t. IV, p. 333). Il est souvent question de terres cultivées qui autrefois faisaient partie d'une forêt : voy. par exemple, *Cart. de Saint-Georges*, p. 137.

maine, un bourg s'est élevé, on récolte du blé, des vignes ont été plantées[1].

Qu'un domaine ait été dévasté par des expéditions militaires ou que l'on défriche un territoire inculte, la conséquence est toujours la même : le propriétaire fait appel à des *hôtes*[2]. Ces hôtes viennent-ils occuper une terre d'église : le seigneur laïque, le plus souvent, renonce à tous les droits qu'il pourrait exiger d'eux[3]. — Les hôtes, par le fait qu'ils ne sont pas nés sur le domaine, se trouvent dans une situation particulièrement favorable; s'ils sont encore soumis à de lourdes redevances, ils jouissent au moins d'une certaine liberté personnelle, et leurs descendants seront préservés du servage. Eh bien! on peut supposer que, dès le X⁰ siècle, la plupart des cultivateurs bretons sont traités comme des hôtes : on comprend dès lors que leur personne soit affranchie de charges serviles.

CHAPITRE II

LES VILAINS ET LE VILAINAGE

Dans toute l'ancienne France, le servage a été peu à peu remplacé par le vilainage; au XIII⁰ siècle, presque tous les serfs ont obtenu l'affranchissement et deviennent vilains, c'est-à-dire tenanciers libres[4]. En Bretagne, cette évolution n'a pu s'opérer :

(1) A. de la Borderie, *Actes inédits des ducs de Bretagne*, n° XX, *loc. cit.*, t. XVII, pp. 46-47 et 49-50.

(2) En 1247, le prieur de Lamballe fait venir des cultivateurs « ad hospitandam terram suam » (Dom Morice, *Preuves*, t. I, col. 932). Cf. dans les *Anciens Évêchés*, t. IV, p. 333, l'acte que nous avons cité plus haut : le donateur prévoit le cas où le prieur fera venir des hôtes. Voy. encore un acte de 1095 (dom Lobineau, *Preuves*, col. 227).

(3) En 1185, Geoffroy d'Angleterre donne à l'abbaye de Pont-Pillard plusieurs domaines considérables : « ... Concedo etiam eis canonicis ut quoscumque homines ad terram suam ospitandam seu de pace mea seu eciam de guerra mea adducant ita sint liberi sicut proprii nec consuetudinem alicui dent nisi tantummodo dictis canonicis... » (*Anc. Évêchés*, t. VI, p. 142).

(4) Voy. Achille Luchaire, *op. cit.*, pp. 318 et sqq.

dès le XI⁰ siècle, presque tous les paysans sont des vilains. Si le mot *serf* ne se rencontre, pour ainsi dire, jamais dans nos documents, le mot *vilain*, au contraire, est d'un usage courant [1].

Le caractère distinctif du vilain, c'est qu'il est soumis à la taille. La pseudo-ordonnance de Jean II, dont le texte semble dater du XIII⁰ siècle [2], le dit très nettement : « Lesqueulx sont appelés roturiers? Celui qui est appelé villain roturier, qui demeure soubz la taille son seigneur, ou qui paye convenant [3]. » Un homme, issu de noble lignée, qui, pendant plus de cinq ans, paie la taille, tombe, par ce fait même, à la condition de vilain [4].

Chaque vilain occupe une tenure (*tenementum*), qu'il cultive. Lorsque, dans un acte, il est question d'un vilain, presque toujours on cite en même temps sa tenure [5]. La tenure forme comme une division territoriale fixe, ou plutôt comme une subdivision de l'unité domaniale, qui finit par avoir une existence réelle [6].

(1) De très bonne heure, *chevalier* et *vilain* sont deux termes antithétiques : en 1026, Simon, seigneur de la Roche, cède à l'abbaye de Saint-Gildas « omnia jura et dominia quæ in tota contreda et parrochia Sancti Gildasii *tam super militibus quam super villanis* jure hereditario habebam » (Dom Lobineau, *Preuves*, col. 161).

(2) Ce document n'est pas une ordonnance ducale, mais un recueil de règles coutumières, fort authentiques : voy. Planiol, *La Très ancienne Coutume*, Textes Divers, n⁰ III, pp. 469 et sqq.

(3) Art. 32 de l'ordonnance (Planiol, p. 478).

(4) *Ibid.*, art. 33 : un homme, qui n'est soumis à la taille que depuis cinq ans, « peut réconcilier sa noblesse. »

(5) Voy., par exemple, cet acte de 1209 : « Insuper præfatus Gaufridus assignavit præfato Juello et ejus heredibus viginti libratas redditus turonensis et decem solidos in feodo de Lercore quæ sunt hæc, Joannes Avis et ejus tenementum... »; suivent 16 noms de tenanciers. Ces tenures sont cédées « cum omnibus reddititibus et pertinenciis, excepta molta eorumdem hominum et suorum tenementorum. » (Dom Morice, *Preuves*, t. I, col. 813 et sqq.). En 1242, Guillaume de Blohen et sa femme donnent à Saint-Aubin 14 sous de rente sur une tenure située « in Roheria Dinanni, quam teneuram Galterus Ledos tenebat a Willelmo et Johanna superius provocatis. » (*Chartes de Saint-Aubin*, dans les *Anciens Évêchés*, t. III, pp. 97-98).

(6) En 1215, Juhel de Mayenne donne à Saint-Aubin 9 mines de froment, « scilicet in Beaumont super tenementum Bardal decem justas frumenti, super tenementum Hercardi unam minam frumenti. » (*Anciens Évêchés*, t. III, p. 51). En 1276, Jean, seigneur des Forges et Marguerite, sa femme, donnent à l'abbaye de Bonrepos les dîmes qu'ils levaient « ès tenements ou Foullic, Agollic, Tallée » : ces tenures forment bien de petites unités territoriales (*Cart. du Morbihan*, n⁰ 374, loc. cit. an. 1894, Doc. p. 372).

Il serait intéressant de savoir avec quelque précision quelle est l'étendue moyenne de ces tenures. Mais nos documents ne nous le permettent pas. Nous voyons des tenures qui comprennent deux acres; il en est de plus considérables; il en est aussi de plus petites [1]. Certaines tenures sont d'un bon profit pour le cultivateur, d'autres lui permettent à peine de subsister. La situation réelle des tenanciers est infiniment variable.

Leur condition légale est beaucoup plus nette et uniforme. Le vilain vit d'une façon permanente sur sa tenure; cette parcelle de terre, qu'il cultive, il la lègue à ses enfants, avec la maison qu'il habite. Sa situation est celle d'un fermier héréditaire. Il est donc bien naturel qu'il considère sa tenure comme un véritable patrimoine [2], et de fait c'est, en certains cas, une propriété véritable, que le tenancier peut céder à une tierce personne, sous réserve des droits qui appartiennent au seigneur [3], c'est encore une possession dont peut se saisir un créancier impa-

---

(1) Voy. le don fait au prieur de la Trinité par Robert de Chantelou, en 1212 : il lui concède la tenure de Raoul Seintes qui comprend deux acres de terre, « duas acras terre in campo de Sorsa » c'est-à-dire, suivant l'évaluation de Ducange (art. *acra*), 4 arpents ; la tenure de Vuimond Boteri « scilicet *quinque virgas* terre ad Quacheor » ou deux arpents, celle d'Olivier Boteri « scilicet *dimidiam acram* terre et *dimidiam virgam* » ou 1 arpent et quart, la tenure de Ranginald Landoart « scilicet *tres virgas* terre in campo des Palieres et *dimidiam acram* juxta domum Radulfi Orsin, » ou en tout 2 arpents et demi. Ce dernier exemple prouve que certaines tenures se composent de plusieurs parcelles. La première tenure doit au propriétaire deux quartiers de froment, deux poules, deux pains; la seconde, cinq boisseaux de froment, deux pains, deux poules, vingt œufs; la troisième, deux boisseaux de froment, deux pains, deux poules, vingt œufs. Il est clair qu'elles ne sont pas toutes de même importance (*Chartes du prieuré de Fougères, loc. cit.* p. 243).

(2) Les seigneurs paraissent aussi avoir cette conception. Voici un exemple assez caractéristique : en 1405, Guy de Retz donne deux tenures, qu'occupent les héritiers de Renyer Vardon et de Jehan Pastiz. Il veut que ceux qui « demeurent es lieux et herbergemens des dessusdiz fuiz Vardon et Pastiz soient francs, quictes et exemps de constumes et de toutes autres exactions. » Mais ceux qui y habiteront, sans être leurs héritiers, ne jouiront pas de cette exemption (Arch. de la Loire-Inférieure, E. 80, fᵒˢ 4 vᵒ et sqq.).

(3) Étienne Gueheneuc, en 1278, donne la tenure qu'il possède dans le fief de Laboère, sur la paroisse de Sévignac « sub dominio Oliverii de Coylan » (*Anc. Évêchés*, t. III, p. 282). La même année, Olivier de Coylan notifie d'autres donations faites par d'autres tenanciers sur le même fief (*ibid.*, pp. 283 et sqq.).

tient[1]. Notons d'ailleurs qu'indépendamment de leur tenure, les vilains peuvent posséder des propriétés, qu'ils ont achetées de leurs propres deniers et dont ils disposent librement. Il est souvent assez difficile de distinguer la tenure et la propriété roturière du vilain[2].

En dépit de la liberté personnelle dont il jouit, le vilain se trouve toujours, dans ses rapports avec le propriétaire, en un état de sujétion très évident. Mais s'il est le sujet très dépendant de son seigneur, c'est moins en raison de sa personne qu'en raison de la terre qu'il cultive et détient. Les actes nous montrent des paysans donnés ou échangés, comme objets de propriété, mais la mutation vise surtout la tenure. Les hommes sont cédés avec le fonds comme l'instrument indispensable de la culture[3]. Lorsque la mutation porte sur un domaine un peu considérable, où résident des personnes de condition noble, voire même des chevaliers, ces chevaliers sont mentionnés comme les vilains dans

(1) En 1340, Jeanne, veuve de Pierre Flouric, « homesse et estagère de l'abbaye » de Boquen, qui est poursuivie « pour plusieurs malefices et autres forfaits », est condamnée à payer 100 livres à l'abbé pour frais de poursuites. Comme elle ne peut payer cette somme, l'abbé saisit quatre pièces de terre, qui dépendent de la seigneurie des religieux (*Anc. Évéchés*, t. III, p. 301). L'abbé de Saint-Aubin, qui est créancier de Jean Lefèvre, fait mettre en vente une pièce de vigne, qu'il détient « ou clos esdiz abbé » (*ibid.*, p. 195).

(2) Vers le milieu du XIII° siècle, Notre-Dame de Beauport reçoit en don plusieurs terres dont l'étendue ne dépasse pas un journal : ces petites terres paraissent bien être des propriétés particulières de paysans (*ibid.*, t. IV, pp. 120 et sqq.). — En 1312, Guillaume, dit Guillote, et sa femme cèdent à Saint-Melaine tout ce qu'ils possèdent « sub dominio dictorum religiosorum tam herbergamentis, domibus, terris, vineis, voleriis, pratis, nemoribus, pascuis quam rebus aliis immobilibus quibuscumque, necnon et quoddam tenementum ipsorum conjugum situm in feodo Perroti de Campania quod vulgariter nuncupatur Campus Sancti Jacobi » (*Cart. de Saint-Melaine*, f° 31) : il semble bien que Guillaume occupe une tenure et possède en même temps des terres en toute propriété .

(3) Au commencement du XII° siècle, un chevalier, nommé Geoffroy, donne à l'abbaye de Redon « duos homines cum terris eorum quos immunes habebat et liberos ab omni consuetudine, Eumonoc scilicet et Bernart... » (*Cart. de Redon*, pp. 324-25). Cf. la donation faite par la duchesse Marguerite à Sainte-Croix de Guingamp, vers 1170 : « Concedi etiam et sigillo meo confirmavi prædictæ ecclesiæ totam villam suam et omnes in ea habitantes liberos et quietos ab omni servicio... » (Dom Morice, *Preuves*, t. I, col. 661).

l'acte de vente [1]. — Ainsi quand, par exemple, un seigneur concède un vilain à une abbaye, il s'agit surtout des revenus que peut rapporter la terre de ce vilain : en 1233, Gervaise de Dinan donne à Saint-Aubin une femme, nommée Avicia, avec ses héritiers et tous leurs biens; en 1239, cette même Avicia s'engage envers l'abbaye à payer chaque année dix sous pour sa maison et ses champs : le fait même qu'elle figure comme partie dans un contrat prouve que sa personne est absolument libre [2].

Cependant il arrive en Bretagne, comme dans d'autres pays, que la terre soit cédée sans le tenancier : en 1241, Geffroi de Tremerreuc donne une terre à Saint-Aubin, mais il déclare que le tenancier sera fourni par l'abbaye, à laquelle il interdit de recevoir comme cultivateurs sur ses domaines ses propres vilains [3]. Il peut se faire encore que, sur le territoire qu'il vient d'abandonner, l'ancien propriétaire se réserve, en quelque sorte, un droit de propriété ou de souveraineté sur un tenancier que désignera le nouveau seigneur et qui répondra au premier de ses droits de seigneur prééminent [4]. On spécifie parfois d'une façon très nette la domination qu'exerce le propriétaire sur les personnes de ses paysans [5]. En bien des cas aussi, il semble que les droits

(1) Maingenius, fondant le prieuré de Saint-Cyr de Rennes, lui attribue « omne territorium quod Insula dicitur, cultum et incultum cum omnibus pratis et pascuis, cum equitibus, villanis et meditariis, cum vinearum censu... » (Dom Morice, *Preuves*, t. I, col. 374). Hervé de Léon, en 1186, donne au couvent de Doulas une terre « et militem qui eamdem terram tenebat *hominem proprium...* » (Dom Lobineau, *Preuves*, col. 129).

(2) *Anciens Evéchés*, t. III, p. 79.

(3) *Ibid.*, p. 96. Cf. un acte analogue de 1231 (*ibid.*, p. 69).

(4) En 1260, Tanguy donne à l'abbaye de Lanvaux tout ce qu'il possédait dans le fief de Colver. Mais Geffroy de Roshov tient à conserver sur ces terres certains droits que lui rendait Tanguy : « Tenentur autem dicti religiosi ponere et assignare dictis Gauffrido et ejus uxori et eorum heredibus certum mansionarium in dictis terris qui eisdem et suis obediat et respondeat de jure dictarum terrarum..., et quando dicti religiosi amovebunt mansionarium existentem in dictis terris, tenentur alium in dictis terris ponere obedientem et respondentem dictis Gauffrido et ejus uxori de jure dictarum terrarum. » (*Cart. du Morbihan*, n° 308, loc. cit., an. 1894, *Doc.*, p. 253).

(5) En 1273, Hervé, vicomte de Léon, abandonne « quidquid juris et possessionis atque dominii habebat et habere poterat dictus vicecomes in Herveo et Johanne filiis de Heydon et in Daniele Ivonis... et in omnibus teneuris et saesinis hominum eorumdem... » (*Actes inédits des ducs de Bretagne*, n° CXLVIII, loc. cit., t. XIX, p. 217).

de justice, que le seigneur lève sur ses vilains, ne dérivent pas seulement d'un droit de propriété sur la terre, mais d'un droit domanial qui porte sur la personne même du tenancier.

Toutefois, on peut affirmer, en thèse générale, que la sujétion du vilain est beaucoup moins *personnelle* que *réelle*; c'est surtout sa qualité de tenancier qui l'astreint vis-à-vis du seigneur à des services personnels.

Comme partout ailleurs, les paysans, en Bretagne, n'ont pas d'existence politique : ils n'ont de relations qu'avec leur seigneur, et, sur le domaine même, ils ne peuvent constituer de communautés. C'est là ce qui distingue essentiellement leur condition de celle des bourgeois. Mais, par contre, à la différence des esclaves et des serfs, ils ont une existence civile : en justice, dès le XIe siècle, on les voit figurer comme témoins [1].

Si les paysans, en Bretagne, ne sont pas considérés et traités comme une gent taillable et corvéable à merci, ils ne peuvent cependant se garantir tout à fait, je ne dis pas de l'arbitraire, mais des violences, des brutalités des chevaliers et des soldats. On a prétendu souvent que les sujets de seigneurs ecclésiastiques étaient incomparablement plus heureux que les autres vilains. Nous avons quelque peine à l'admettre, car c'est surtout dans les domaines ecclésiastiques que s'exercent les ravages des seigneurs laïques. A la fin du XIIe siècle, nous voyons André de Vitré molester les sujets de Sainte-Croix [2]; au siècle suivant, voici

---

(1) Voy. un procès qui a lieu, en 1089, entre les moines de Redon et les chapelains du comte de Bretagne : les moines présentent leurs chartes : « Tunc episcopi simul cum abbatibus qui illic aderant, et optimates, milites, ruricole necnon et burgenses et etiam ipsi judices uno ore conclamaverunt monachorum causam esse justam, clericorum vero injustam. » (*Cart. de Redon*, p. 238). Toutefois, la pseudo-ordonnance de Jean II nous apprend que « les roturiers ne doivent parler sur gentils gens en cause d'heritage » (art. 32, *ap.* Planiol, *loc. cit.*, p. 478). Dans une enquête faite, en 1423, sur certains droits d'usages de l'abbaye du Relec, comme il n'y a pas assez de nobles dans la région, les religieux demandent qu'on prenne comme témoins de « bonnes gens dignes de foy, nonobstant qu'ils n'estoint nobles... » (Blanchard, *Mandements de Jean V*, no 1549, *loc. cit.*, t. VI, pp. 100 et sqq.).

(2) Arch. d'Ille-et-Vilaine, *fonds de Marmoutiers*, prieuré de Sainte-Croix de Vitré.

le sénéchal de Beauport, Guillaume Brochemer, qui expulse un des hommes de Notre-Dame de Beauport, qui le frappe, le charge de chaînes [1]. Parfois ce sont de véritables expéditions armées, comme celle que dirigent contre l'abbaye de Redon plusieurs barons et chevaliers, vers le milieu du XIVe siècle : leurs rapines, leurs mauvais traitements obligent un grand nombre de paysans à déserter le domaine [2]. Vers 1235, les officiers mêmes de Pierre, duc de Bretagne, non seulement Robert de Sorel, mais son maréchal, Normand de Quinibriac, rançonnent cruellement les tenanciers de l'évêque de Dol, de l'abbé de la Vieux-ville; Jean de Dol, sire de Combour n'est pas mieux traité : son village de Combour est incendié par ces soudards [3]; vers la même époque, les hommes de Saint-Martin de Lamballe sont livrés aux violences du duc et de ses agents [4].

Même dans les dernières années du Moyen-Age, et, malgré les progrès de la police ducale, les gentilshommes n'ont pas encore renoncé à leurs mœurs brutales : plus d'une fois des roturiers sans défense sont battus ou mutilés [5]. — Les premières victimes de tous ces troubles, ce sont toujours les paysans : isolés au milieu de la campagne, sans murailles pour les protéger, sans aptitudes militaires, ils ne sauraient résister à des hommes dont la guerre est le métier.

---

(1) Cf. un acte de 1230, dans les *Anciens Evêchés*, t. IV, p. 88.

(2) Voy. une lettre du pape Clément, de 1344 : les coupables « tam monachis et personis quam subditis dicti monasterii tot et tanta dampna ac gravamina intulerunt quod multi ex dictis subditis coacti sunt terrarum dicti monasterii et ejus territorii deserere incolatum » (*Cart. de Redon*, p. 400, Appendix, no LXXIX).

(3) A. de la Borderie, *Nouveau recueil d'actes inédits des ducs de Bretagne*, nos V, VI et VII, *loc. cit.*, t. XXI, pp. 122 et sqq.).

(4) Cf. un acte de 1230 dans les *Anciens Evêchés*, t. IV, p. 316.

(5) En 1409, le duc Jean V fait faire une enquête sur les excès commis par Bertrand de Dinan, fils de Guillaume Hue, sire de Châteaubriant, contre les religieux de Saint-Jacut et leurs hommes. L'enquête révèle qu'il a « fait prendre le poisson que les pescheurs de ladite ville de Saint-Jagu avaient pesché sans aucune chose en volloir paier..., boutté le feu ès jaunays, battu et mutillé plusieurs personnes » (*Mandements de Jean V*, no 1085, *loc. cit.*, t. VI, p. 130).

QUATRIÈME PARTIE

L'EXPLOITATION SEIGNEURIALE

Nous avons reconnu que les paysans bretons jouissaient d'une assez grande liberté personnelle. Est-ce à dire qu'ils fussent soumis moins durement que d'autres à l'exploitation seigneuriale? Cette exploitation consiste en droits, en redevances de toutes sortes, que le seigneur lève sur ses sujets, non seulement en raison de leur personne, mais encore et surtout en raison de la terre qu'ils cultivent. Ces redevances constituent le principal revenu du propriétaire : il est naturel que, pour accroître ses ressources, il s'efforce de les étendre et de les multiplier le plus possible. Mais, sur maint domaine, le seigneur direct n'est pas le seul propriétaire : le suzerain, qui possède un droit de souveraineté, le seigneur ecclésiastique, qui dispose des dîmes, participent au droit de propriété; et, dans la mesure de ce droit, ils exercent une certaine autorité sur les tenanciers, ils contribuent à l'exploitation du domaine [1].

CHAPITRE PREMIER

L'ADMINISTRATION DU DOMAINE ET LES AGENTS SEIGNEURIAUX

Les seigneurs vivent des revenus de leur domaine, mais jamais ils ne le régissent eux-mêmes : astreints aux obligations militaires de la vie féodale, ils abandonnent l'administration de leurs terres à des agents ou officiers, qui se trouvent en contact direct avec les paysans.

---

(1) Voy. Achille Luchaire, *op. cit.*, pp. 331 et sqq.

Comme la *villa* ne représente qu'une circonscription très peu étendue, l'agent seigneurial ne s'appelle que bien rarement *villicus* [1] : on le désigne plutôt sous le nom d'intendant (*famulus*) [2]; dans les domaines un peu considérables, c'est le prévôt (*præpositus*) qui représente le seigneur.

La principale fonction de l'intendant ou du prévôt consiste à percevoir les revenus de toutes sortes, les redevances et les rentes que rapporte le domaine [3]. Il rend aussi la justice, opère les saisies, juge les procès des tenanciers, veille au bon entretien du domaine, en fait la police, assure l'approvisionnement du château [4]. Le plus souvent, il est de règle que le prévôt ne puisse ni manger, ni boire, ni entamer de procès personnel dans le domaine qu'il administre [5].

L'officier principal du domaine a souvent sous ses ordres d'autres agents, qu'on nomme, d'ordinaire, *sergents* (*servientes*). Ainsi, voyons-nous que le prévôt de l'abbaye de Saint-Georges, pour le domaine de Plubihan, ne peut juger en personne les contestations relatives au domaine : il doit désigner un officier qui, tout en relevant de son autorité, décidera de toutes ces questions [6].

Le sergent est souvent chargé de poursuivre les actions judi-

---

(1) Cependant le mot *villicus* se rencontre quelquefois : en 1230, Philippe de Montauban donne aux moines de Méen « triginta septem solidos currentis monetæ, in costuma mea de Sancto Eligio annuatim ad Natale Domini per manum villici percipiendos. » (Dom Morice, *Preuves*, t. I, col. 866).

(2) Il est bien entendu que le mot *famulus* peut désigner des fonctions assez diverses. Parfois, mais très rarement, l'intendant rural est appelé *decanus* (A. de la Borderie, *Actes inédits des ducs de Bretagne*, n° XVIII, *loc. cit.*, t. XVII, p. 42).

(3) Voy. un acte de 1188 (Dom Morice, *Preuves*, t. I, col. 711).

(4) Voy. une convention conclue, au XI° siècle, entre l'abbesse de Saint-Georges et le prévôt Gautier : « Prefecturam de Plubihan, quam pater ejus tenuit, ei concedit tali modo ut, in fidelitate Sancti Georgii, ipse plebis ejus sit defensor et protector, latronum etiam malefactorum justissimusque persecutor; universorumque placitorum reorum hominum rectissimus judicator. Nec sit ei jus manducandi vel bibendi aut ullam querelam faciendi nisi in suo dominio... Ad corporis vero profectum, de bannis et de causis in judicio ante eum prius convictis, ac de gualeriis, octavam partem ei in remuneratione permisit... » (*Cart. de Saint-Georges*, p. 120).

(5) Cf. *ibid.*

(6) *Cartul. de Quimperlé*, f° 37 v° et 38.

ciaires non seulement de son seigneur, mais des sujets de la seigneurie [1].

On comprend aisément que, de bonne heure, tous ces agents aient pris sur le domaine une autorité considérable. Partout, au début, il est bien probable qu'ils n'étaient nommés que pour une période assez courte et que le seigneur pouvait les révoquer à sa volonté. Sur certains domaines, l'hérédité des offices seigneuriaux n'a pu s'établir [2]. Mais ce n'est point la règle générale. En toute occasion, le prévôt ou l'intendant a tenté de transformer sa charge en fonction héréditaire, et, le plus souvent, il y a réussi. Au XII° siècle, le *villicus* de Quimperlé est réellement possesseur héréditaire de sa *villicatio* : s'il se trouve fatigué de ses fonctions, il pourra présenter à son seigneur une liste de six personnes, sur laquelle ce dernier lui choisira un suppléant; cependant, si l'abbé ne veut en agréer aucun, il est obligé de continuer son service [3]. — Notons encore que les agents seigneuriaux ne reçoivent pas de salaire : leur maître leur concède une partie de ses revenus : le prévôt de Plubihan prélève la huitième partie des amendes et des biens tombés en deshérence [4]; un autre officier de même ordre reçoit le septième des revenus du domaine [5].

Voilà pourquoi les prévôtés deviennent le plus souvent de véri-

---

(1) *Très ancienne Coustume*, chap. CCCV (éd. Planiol, p. 286).

(2) Cf. un acte de 1203 : « In toto sancti Rouani burgo nullus ex hereditate preposituram aut aliquod ministerium habet, sed in voluntate abbatis vel monachi quem voluerit habere ministrum de suis hominibus et quamdiu sibi placuerit, ita fiat. » (*Cartul. de Quimperlé*, f⁰ˢ 27 et sqq., et *Actes inédits des ducs de Bretagne*, n° X, *loc. cit.*, t. XVII, pp. 24 et sqq.).

(3) *Cartul. de Quimperlé*, f⁰ˢ 37 v° et 38, et Dom Morice, *Preuves*, t. I, col. 591.

(4) *Cart. de Saint-Georges*, p. 120.

(5) En 1095, les moines de Saint-Nicolas-d 'ngrande reçoivent d'un chevalier, le seigneur de Laurière, la moitié de l'église de Sainte-Marie : « ... Nos ei de sua medietate respondebimus vel cui jusserit ipse, scilicet cuidam servienti suo nomine Barbotino, cui septimum suum solummodo in vita sua dederat, pro quo nos rogavit ut cum tamdiu sustineremus quamdiu viveret vel donec fevum suum forisfaceret. » (Dom Lobineau, *Preuves*, col. 181).

tables fiefs [1]. Il arrive, surtout sur les domaines ecclésiastiques, que leurs titulaires tentent d'usurper le domaine, dont ils n'ont que la gestion. Au XIᵉ siècle, les fils de Gautier, prévôt de Plubihan, se refusent à remplir leur fonction héréditaire : ils veulent s'arroger en toute propriété le domaine de l'abbaye. Mais ils sont enfin contraints à renoncer à leurs prétentions : ils resteront féaux à l'abbaye, liés à elle par un véritable lien de vassalité, « in beneficio sancti » [2].

Dans les grandes seigneuries, sur les terres des ducs de Bretagne, par exemple, les *alloués*, les *chatelains*, et au rang supérieur de la hiérarchie, les *baillis* et les *sénéchaux* sont de véritables feudataires, dont l'autorité est considérable. Ils rendent leurs comptes au seigneur, mais jouissent cependant d'une notable indépendance [3].

(1) Les prévôts assignent des rentes sur leur prévôté comme sur leur domaine privé : en 1249, Eudes Logoden, voyer et prévôt de Corlay, donne cent sous de rente à l'abbaye de Bonrepos; il les assigne sur quatre marchés et sur une terre : « Si vero prædicti IV mercatus et predicta terra sufficere non potuerint ad predictorum C solidorum solucionem annuatim, statui ut ex vigueria, costuma et præpositura mea de Corle eisdem integretur. » (*Chartes de Bonrepos*, dans les *Anciens Evêchés*, t. VI, p. 180).

(2) « Denique post mortem supradicti Gauterii filii ejus, scilicet Clumarhoc et Meugin, nolentes acquiescere prefecture patris neque illi honori quem pater illorum de Sancto Georgio et abbatissa Adela tenuerat, falso et absque consilio sperantes se habere illa que erant dominia Sancti Georgii, ex quibus ad eos nichil pertinebat, nec pater illorum unquam habuit, ex falsa calumpnia inconsulte commovere placitum ex quo in curia Sancti Georgii penitus recto judicio convicti fuerunt. Postremo reliquerunt Sancto Georgio omnes suas calumpnias in fideli pace, eo tenore ut essent in beneficio sancti et in orationibus sanctarum monialium, sicuti pater illorum extiterat; promiserunt Sancto Georgio sanctisque monialibus fidem servandam imperpetuum. Quapropter supradicta abbatissa Hodierna sua benignitate atque gratuita voluntate adcrevit eis octavum denarium de ariatamento, similiter octavum denarium de remanente exercituo et de suo gaivo... » (*Cart. de Saint-Georges*, pp. 142-43).

(3) Voy., par exemple, les recettes des exécuteurs testamentaires de Jean le Roux, à la fin du XIIIᵉ siècle (*Actes inédits des ducs de Bretagne*, nᵒ CLXVIII, loc., cit., t. XIX, pp. 257 et sqq.). Dans ces comptes, on lit (p. 272) : « Per manum Guillelmi Lambardi, de firma prepositure de Guingamp de uno anno, 320 l. pro parte exequutorum. » Les alloués semblent bien être des prévôts : cf. *Anciens Evêchés*, t. III, p. 276. — En 1272, un chevalier, appelé Rolland, prétend qu'il doit être sénéchal fieffé (*seneschallus feodatus*) de l'abbaye de Saint-Georges pour la paroisse de Saint-Georges de Grihegne (*Cart. de Saint-Georges*, p. 242) : la fonction de sénéchal semble donc avoir eu de quoi tenter des personnes de noble origine

Les agents inférieurs eux-mêmes visent à l'hérédité. Vers 1034, un simple *famulus* de l'abbaye de St-Georges, à Plubihan, un subalterne du prévôt, sans doute, prétend faire de sa charge une fonction héréditaire; mécontent de l'abbaye, il commet sur le domaine de nombreux abus. L'abbesse le fait enfermer et le détient en prison pendant près d'une année, puis elle consent à traiter avec lui : il s'engage à renoncer à l'hérédité, il tiendra sa charge à titre purement temporaire [1]. — Beaucoup de sergents, moyennant certaines obligations, reçoivent de véritables fiefs [2]; d'autres possèdent en toute propriété des terres ou des rentes : tel cet agent de Saint-Florent qui vend aux moines une terre patrimoniale, pour laquelle l'abbaye lui payera un cens annuel de 12 deniers [3].

On conçoit donc aisément que les agents seigneuriaux puissent administrer le domaine presque souverainement, et, pour ainsi dire, sans contrôle. Ils exploitent de façon très âpre les paysans qu'ils gouvernent, beaucoup plus rigoureusement que ne le ferait le seigneur lui-même. Le duc Jean III, au début du XIV⁰ siècle, se plaint des « exactions indues » dont se rendent coupables ses sergents; il prend des mesures pour mettre un terme à leurs « pillages » [4]. Jean V leur reproche de rançonner indignement ses sujets : en août, c'est un boisseau de blé qu'ils exigent du paysan; aux vendanges, c'est un « costerel de vin, » « à caresme, »

(1) *Cart. de Saint-Georges*, p. 122.

(2) La Très ancienne Coustume de Bretagne nous apprend que pour toutes les actions qu'ils poursuivent à la requête des parties, les sergents peuvent avoir salaire « ou cas que les sergeanz ne seraient tenuz à le faire sanz avoir salaire, comme aucuns sergeanz qui sont feez et le doivent faire par vertu et par raison de leur feage ou pour autre cas. » (*Très ancienne Coustume*, chap. CCCV, p. 286). — Il existe aussi, surtout dans les forêts ducales, des forestiers fieffés : cf., par exemple, un acte de 1219, relatif à la forêt de Rennes. (*Actes inédits des ducs*, n° XCV, *loc. cit.*, t. XVII, pp. 420-21).

(3) Voy. un acte de 1082 : « Sciant presentes et futuri quia Guillelmus decanus, Salomonis decani filius, vendidit monachis Sancti Florentiis terram quam pater suus Salomon habuerat in Mezuoit... » (*Ibid.*, n° XVIII, p. 42).

(4) Ordonnance sur les sénéchaux, de Jean III, art. 18 et sqq. (Planiol, *Très ancienne Coustume*, Catalogue et textes, n° 21, pp. 349-50).

c'est le chapon ou la poule ; le duc essaie de réprimer leurs abus[1] ;
ses successeurs renouvellent son ordonnance[2]. Mais toutes ces
tentatives sont vaines : les intendants domaniaux subsisteront
jusqu'à la fin de l'ancien régime, et ils se montreront toujours
aussi durs pour les tenanciers qu'ils régissent.

CHAPITRE II

LES REDEVANCES PERSONNELLES

L'exploitation seigneuriale porte principalement sur les redevances que les paysans doivent acquitter à leur maître. On
distingue essentiellement les *redevances personnelles*, qui
atteignent la personne même du vilain, et les *redevances
réelles*, qui sont attachées à la terre.

Les redevances personnelles sont moins nombreuses et moins
dures en Bretagne que dans d'autres régions. Il est presque certain que la *capitation*, taxe caractéristique du servage, n'existe
pas[3]. La taille arbitraire est aussi très rare. Presque toujours
la taille est fixe : elle correspond à la *taille abonnée* que,

---

(1) Constitutions de 1420, art. 1 et sqq. (Planiol, *ibid.*, n° 50, pp. 373-74).
Jean V veut diminuer le nombre des sergents, interdire la mise en ferme des
sergenteries.

(2) Voy. Constitutions du 25 mai 1451, art. 3 et sqq. (*ibid.*, n° 70, pp. 405
et sqq.).

(3) On trouve bien le mot *jus capitale*, mais il nous semble évident qu'il
désigne soit une sorte de cens, soit la taille, mais non la capitation : ainsi nous
lisons dans le cartulaire de Quimper : « Sequntur census et jura capitalia
capituli Corisopitensis apud Crozual Foenant... Desuper terra Pelliperii non jura
capitalia sed census, III den... » « Jura capitalia Corisopitensis in festo exaltationis
Sancte Crucis... De domibus filii Dogoreth, XIII den. De domo Hervei Loeseli,
X den... » (Cf. l'Appendice.) — En 1218, un procès s'engage entre Sainte-Croix de
Quimperlé et les fils de Daniel : « ... Dicebant se debere tenere [terram de
Lannjuzon, in monte Callac] sub jure determinato, videlicet meliore animali...
de domo majoris eorum in kalendis maii reddendo abbatie et duobus solidis et
VI denariis pro mensura titrici in Natali Domini et XII den. in kal. augusti
et una torta panis de meliori blado suo et gallena et avena... Ex adverso dicti
abbas et conventus asserebant se debere ab illis recipere omnia supradicta pro
capitali jure et insuper talliam. » (*Cartul. de Quimperlé*, f° 77). *Capitale jus*
ne peut avoir ici le sens de capitation.

dans les pays où le servage a précédé le vilainage, les paysans, d'abord soumis à la taille arbitraire, ont obtenue de leur seigneur [1].

La taille porte sur la personne même du paysan et ne doit pas dépasser un taux fixé à l'avance [2]; elle se paye souvent en deux ou trois termes, exactement déterminés [3]. Toute augmentation du taux de la taille est considérée comme une action injuste : c'est une mauvaise coutume (*prava consuetudo*), à laquelle parfois le seigneur renonce de son plein gré [4]. Il arrive encore, surtout au XIII° siècle, que le taux ancien soit sensiblement réduit [5].

La taille est souvent une redevance collective qui pèse en bloc sur tous les hommes d'un domaine et qui marque leur sujétion [6].

En tout cas, elle constitue pour le paysan une charge assez lourde, car ce n'est pas seulement le seigneur direct qui la perçoit : sur tout domaine, le suzerain, et, sur les terres ecclésiastiques, le seigneur laïque, qui exerce le droit d'avouerie, peuvent l'exiger. Lorsqu'un laïque exempte de droits les sujets d'une

(1) La taille est parfois désignée par les mots *incisura* ou *incisio* : vers 1088, Alain Fergent vend à Sainte-Croix de Quimperlé la trêve de Saint-Guenin ; l'acte nous décrit les revenus de la terre de Lesclerve : « Undecim solidi, pastus etiam domino terre tam in hieme quam in estate *cum incisura que dicitur taellied*, cum forisfactis et furtis et aliis exactionibus. » (*Cart. de Quimperlé*, f° 80 v° et 81, et *Actes inédits des ducs de Bretagne*, n° XXII, *loc. cit.*, t. XVII, pp. 52 et sqq.). Le mot *incisura* nous donne le sens étymologique de la redevance : primitivement, lorsqu'on la percevait, une coche ou entaille faite sur un bâton marquait la contribution de chaque tenancier.

(2) La taille due par les sujets de Sainte-Croix de Vitré, en 1196, était de 20 livres (Dom Morice, *Preuves*, t. I, col. 724); en 1237, elle est encore de 20 livres (*ibid.*, col. 905).

(3) En 1267, les habitants de la Chèze devaient à la dame de la Chèze 60 livres de taille, payables en trois termes (*ibid.*, col. 1010).

(4) Cf. le testament de Geoffroi de Châteaubriant, de 1262 : « ... Omnes vero tallias quas levavi in tempore meo volo quod remaneant, et si aliquas augmentavi, volo quod reddantur sicut tempore avunculi mei solebant reddere... » (*Ibid.*, col. 985).

(5) En 1237, le seigneur de Vitré réduit la taille qu'il levait sur les hommes de Sainte-Croix de 20 livres à 5 livres (*ibid.*, col. 905).

(6) Cf. *ibid.*, et Dom Lobineau, *Preuves*, col. 209.

abbaye, cette exemption se marque presque toujours par l'abandon de la taille [1].

La taille, qui d'abord ne portait que sur les personnes, tend, de plus en plus, à devenir *réelle* : il arrive un moment où ce n'est plus la personne du paysan qui est *taillable*, mais la terre qu'il cultive [2].

Il faut aussi considérer les corvées comme une redevance personnelle. Les vilains cultivent le domaine réservé du seigneur, ensemencent ses champs, font sa moisson, engrangent ses récoltes, battent son blé, construisent et réparent les routes [3]. Toutes les corvées qui ont pour objet la culture du domaine, on les désigne souvent sous le nom de *bianum* ou *biain* [4]. Les vilains font aussi des charrois pour le compte du propriétaire, portent ses lettres ou transmettent ses messages « de bouche » [5]; les transports gratuits de blé, de foin, de bois à brûler ou à construire, comme la culture de ses champs, évitent au seigneur des frais considérables et constituent pour les paysans une lourde charge [6].

(1) Nous voyons qu'au XIIIᵉ siècle, le sire de Châteaubriant a le droit de lever la taille sur les hommes de Saint-Jacut (*Anciens Erêchés*, t. IV, p. 285). Cf. un acte de 1224, relatif à Beaulieu : « Dedit etiam dictus Jubellus omnem talliam et meditalliam quam percipiebat in terra et in feodis et in elemosinis dictorum abbatis et canonicorum... » (*Anciens Erêchés*, t. VI, p. 165). Ce droit est souvent rapproché du droit d'ost et de chevauchée exigé par le seigneur souverain (*Cart. de Saint-Georges*, p. 199, an. 1200).

(2) En 1218, dans un procès qui s'est engagé entre l'abbé de Quimperlé et les fils de Daniel, les arbitres décident « quod abbas et conventus debebant capere ab illa terra quicquid vellent tanquam *a sua terra talliabili...* » (*Cart de Quimperlé*, fᵒ 77). Voy. à l'Appendice, p. 125 : « ... *Desuper dicta terra* Stephani pro taillia XX sol., quando plus quandoque minus. »

(3) *Très ancienne Coustume*, chap. CCLXII (Planiol, p. 255).

(4) Cf. *Actes inédits des ducs de Bretagne*, nᵒ XL, *loc. cit.*, t. XVII, pp. 83-84).

(5) Voy. A. de la Borderie, *Le régaire de Dol*, *loc. cit.*, pp. 196-97.

(6) En 1438, la dame de Laval déclare qu'elle pouvait obliger plusieurs de ses sujets « de mener et conduire à Vitré des moulins à blé de Pont-Riol, à celle dame appartenans, les blez et farines d'icelui moulin, et les fains des prez dudit lieu, et de charroier, mener et conduire les boais et merans necessaires pour réparations des moulins. » (Blanchard, *Mandements de Jean V*, nᵒ 2694, *loc. cit.*, t. VIII, p. 86). Cf. un acte de 1060 : « Homines Sancti Georgii de dominio annonam sine contradictione adducunt quando opus est. » (*Cart. de Saint-Georges*, pp. 95-96).

— Les corvées sont qualifiées de « choses villaines, » elles ne peuvent frapper que les tenanciers de condition roturière [1]. Elles jouent un rôle si important dans l'exploitation domaniale qu'elles se sont conservées fort longtemps ; elles ont duré autant que le régime seigneurial lui-même [2].

Les vilains sont encore astreints au service militaire, soit pour le compte de leur maître, soit, lorsqu'ils vivent sur une terre ecclésiastique, pour le compte du seigneur, sous la protection duquel ils se trouvent [3]. Les vilains ne prennent point part à de longues expéditions : ils ne peuvent être entraînés très loin de leur domicile ; les actes stipulent souvent qu'ils seront convoqués non pour l'offensive mais pour la défensive [4] ; ils doivent se grouper autour du seigneur pour repousser les incursions de l'ennemi [5]. Aussi, nous refusons-nous une fois de plus à accepter la théorie de M. Prou qui considère le service militaire dû par les roturiers comme un « devoir justicier » et qui déclare en retrouver « l'origine dans l'obligation où tout homme libre était à l'époque carolingienne d'aller à l'ost royale [6]. » Voici le fait qui nous apparaît clairement : le vilain, qui doit cultiver le domaine, est contraint aussi à le défendre. Le service militaire,

---

(1) Le seigneur suzerain, qui achète le fief roturier de son gentilhomme, dit la *Très ancienne Coustume*, ne peut être contraint « de aler au fain, seyer les blez, fembréer, ou aler charreyer vins, curer douves ou viez ou autres telles chouses villaines quant à la personne qui fait les corvées... » Tout gentilhomme doit être exempt de corvées (*Tr. anc. Coustume*, chap. CCLXII).

(2) Au XVII⁰ siècle, la corvée existe sous les mêmes formes : cf., par exemple, Arch. de la Loire-Inférieure, B 14, f⁰ 91.

(3) Cf. le *Cart. de Landevenec*, n⁰ LIII, p. 172.

(4) Cf. la transaction conclue, en 1198, entre Olivier de Dinan et les moines de Saint-Florent : « Si vero dictus O. requisierit priorem ipsius domus quod mittat homines suos cum eo ad defensionem terræ suæ, non ad alterius terræ deprædationem, prior mittet eos sine contradictione. » (Dom Morice, *Preuves*, t. I, col. 731). L'abbaye de Marmoutiers relate les privilèges qui lui ont été accordés, en 1094, par Gautier de Pencé : « ... Et ut nullus hominum nostrorum ibit in hostem aut militiam suam nisi forte venerint inimici sui super eum. » (*Ibid.*, col. 485).

(5) Les hommes du prieuré d'Oudon ne suivront Guillaume d'Oudon à la guerre que dans les expéditions qu'il dirigera lui-même (*ibid.*, col. 563).

(6) M. Prou, *De la nature du service militaire dû par les roturiers aux XI⁰ et XII⁰ siècles*, dans la *Revue historique*, t. XLIV, pp. 313 et sqq.

aux yeux des contemporains, ne semble qu'une redevance comme une autre, au même titre que la taille, par exemple [1] : on n'hésite pas à convertir le droit d'ost en une taxe qui se perçoit en argent [2]. On la compare même à une corvée : « Nul gientil-homme, dit la *Très ancienne Coustume*, ne doit estre justicié de *faire corvées fors de aller es armes* ou es plez ou en gibier ou en l'aide du seigneur, où les autres nobles soulent et doivent aller et aidier [3]. » On peut donc conclure hardiment que le ser-vice militaire des vilains, comme le droit de guet et de garde [4], n'est qu'une forme de la corvée ; il ne tire pas son origine de l'époque carolingienne ; ce n'est qu'un service domanial qui dérive de l'exploitation seigneuriale et de la constitution même de la propriété [5].

Il est encore toute une série de services extraordinaires et assez bizarres, qui semblent n'avoir pour raison d'être que de marquer la sujétion du vilain. Parmi les droits du seigneur de Combour, on nous cite le saut des poissonniers en l'étang de Combour, le devoir de quintaine, dû chaque année le mardi de la Pentecôte par tous les nouveaux mariés de l'année [6]; à l'abbesse de Saint-Georges appartient le devoir des mariées : « la dernière des mariées de chacune année doit, le jour de l'Epiphanie, à l'issue de la grande messe, un esteuf et icelui jetter par trois fois

---

(1) Cf. les privilèges accordés par Jean II aux habitants du Gâvre, en 1296 : il veut « qu'ilz soint quites et francs à touz jours mais de tailées et de che-vauchée et de toutes coustumes et exactions par toute nostre terre et demaine... » Il les exempte aussi de l'ost. (A. de la Borderie, *Nouveau recueil d'actes inédits des ducs de Bretagne*, n° XVII, *loc. cit.*, t. XXI, pp. 149 et sqq.).

(2) Cf. un accord conclu, au XII° siècle, entre Béraud, chevalier, et les moines de Béré : « Videlicet de cætero nichil amplius quam XX solidos pro hoste habeam, ita tamen si in hostem ire me oporteat, et si semel vel bis aut ter aut quater vel pluries ire voluero, nichil ultra prædictos solidos recipiam ab eis. Quod si in hostem non pergam, nichil pro hoste habiturus sum. » (Dom Morice, *Preuves*, I, col. 777).

(3) *Très ancienne Coustume*, chap. CCLXII (Planiol, p. 255).

(4) Les paysans sont souvent obligés de faire le guet dans le château sei-gneurial, ou de garder la place forte voisine : cf. *Mandements de Jean V*, n° 1047, *loc. cit.*, t. V, p. 109, et *Anciens Evêchés*, t. VI, p. 243.

(5) Sur tout ce qui précède, cf. A. Luchaire, *op. cit.*, pp. 347-48.

(6) A. de la Borderie, *Le régaire de Dol*, *loc. cit.*, pp. 196-97.

par dessus la dicte église a peine d'amande[1]. » Ces usages, qui persistent encore au XVII° siècle, se sont établis sans doute au Moyen-Age.

En un mot, ce sont surtout les redevances personnelles, la taille et la corvée, qui caractérisent la condition du vilain; elles mettent en évidence la situation inférieure qui lui est assignée dans la société du Moyen-Age[2].

CHAPITRE III

LES REDEVANCES RÉELLES

Les redevances *réelles* portent surtout sur la terre; elles marquent, infiniment moins que les redevances personnelles, la sujétion au tenancier, mais elles contribuent à caractériser le mode d'exploitation des terres qu'on appelle le *vilainage*.

La plus importante de ces redevances, c'est le *cens*; le cens est une véritable imposition foncière, à laquelle sont soumises les terres et les maisons. Le taux de chaque cens est fixé d'une façon presque immuable : il se lève à époque fixe en un terme ou en plusieurs, dont la date est soigneusement déterminée[3].

(1) Cf. l'aveu de 1665 (*Cart. de Saint-Georges*, p. 370).

(2) En 1235, Hylarius, prêtre de Noial, son frère et son neveu concèdent à Saint-Melaine 4 sous de rente sur une terre qu'ils prétendent posséder *jure hereditario*, « asserentes quod dicti monachi corveiam, talliam, mengerium seu aliam cujuslibet modi exactionem in prefixo feodo occasione dicti redditus nullatenus possint exigere nec habere nisi solum modo quatuor solidos annui redditus supradictos. » (*Cart. de Saint-Melaine*, f° 34 v° et 112 v°).

(3) En 1325, un clerc donne au chapitre de Quimper 15 sous de cens « quos ipse Gauffridus solebat percipere et levare quolibet festo Beati Dionisii de super terris et terrarum possessione filii dicti Aubenior apud Virgultum, volens idem Gauffridus quod dicti ministri habeant, percipiant atque levent dictos quindecim solidos annui juris seu census ab excolentibus et tenentibus dictas terras in perpetuum... » (*Cart. de Quimper*, Latin, 9892, f° 18 v° et 19). Cf. ibid., f° 28. Cf. aussi un acte de 1060, dans le *Cart. de Saint-Georges* (pp. 95-96) : « Hic sunt census de Tinteniaco... Octo solidos reddunt homines sancti Domelli... Homines de Coiclis reddebant novem solidos, sed nos tenemus in dominio terram Strabonum Boinorum que tres solidos reddebat de istis novem. Decem rursus octo denarii desunt de supradictis novem solidis pro terra Pedladrum quam tenemus in dominio. Sexdecim rursus denarii desunt pro terra Hamonis filii Alberi quam tenemus... »

Le cens est le plus souvent perçu en argent[1], parfois en nature[2], parfois encore sous les deux formes : il arrive qu'il consiste à la fois en deniers, en froment, en avoine, en poules et en œufs. Mais ces cas sont exceptionnels. Le seigneur tient à recevoir une somme fixe en argent, sur laquelle il puisse compter. D'une tenure à une autre tenure, le cens est essentiellement variable : sur un même domaine, certains tenanciers paient 12 sols; un plus grand nombre, 7 ou 8 sols; beaucoup, 2 ou 4 sols[3]. Mais, en règle générale, il semble bien que le cens ne soit pas une redevance extrêmement lourde. Tandis que la valeur des terres croissait, le cens restait à peu près identique. C'est pourquoi, sur certains domaines, à l'ancien cens, au *grand cens*, on a joint un cens nouveau, le *menu cens* ou *surcens*[4].
— Le cens qui pèse sur les maisons est aussi une redevance fixe; bien qu'on l'appelle le plus souvent *hostagium*[5], on le désigne aussi par les mots *fumagium* et *fumaticum* : c'est donc une redevance qui se perçoit par feu, un véritable fouage[6].

(1) Cf., par exemple, dans le *Cart. de Saint-Georges*, pp. 190 et sqq., un acte de 1195.

(2) « Hii sunt census de Crasso Buisson : feodum Heumerici, tres minas frumenti; feodum Guillemi Ruebonum, tres minas frumenti; uxor Gauterii de Ripa, unam minam frumenti; feodum Grossin, unam minam .. » (*Cart. de Saint-Georges*, p. 125).

(3) Voyez, à l'Appendice, les cens dus par des tenanciers du chapitre de Quimper. Cf. les cens de la Poterie, en Saint-Hélier, au XII° siècle : «... Terra Andree Villici, duos solidos. Terra Eudonis de Poteria, quatuor denarios et unum quarterium avene. Feodum aus pileiz unam minam frumenti et unum quarterium avene et duos solidos... » (*Cart. de Saint-Georges*, p. 148).

(4) *Cart. de Saint-Georges*, p. 252 et *Cart. de Saint-Melaine*, passim : on distingue constamment les *magni census* et les *supercensus*.

(5) Pour citer un exemple, Etienne de Corron, en 1213, donne aux moines de Saint-Aubin-des-Bois « hostagium omnium terrarum quas predicti monachi in parrochia de Henantsal sub dominio meo possident. » (*Anciens Evêchés*, t. III, p. 49).

(6) En 1243, un procès s'élève entre le chapitre de Quimper et Herricus Roberti « super quadam domo sita in castelleto sancti Chorentini, que vocatur domus filii Bidem. » On en vient à un accord, « ita videlicet quod dictus Herricus et sui post ipsum habeant dictam domum quiete et pacifice in perpetuum possidendam contradictione vel reclamatione dicti capituli non obstante, reddendo dicto capitulo de dicta domo quinque solidos censuales annuatim, computatis in illis duodecim denariis quos idem capitulum annuatim percipiebat ex eadem. » (*Latin*, 9891, f° 6). — Au XII° siècle, le comte Etienne donne à Saint-Sauveur de Guingamp « XX solidos de fumagio Guingampensi per singulos annos. » (Dom Morice, *Preuves*, t. I, col. 547).

Le fait remarquable, c'est que le cens n'est pas payé seulement par les tenanciers roturiers, mais même par les personnes de condition noble, qui détiennent des terres, soumises à cette redevance. Pour ne citer qu'un exemple, l'abbaye de Saint-Melaine donne à un chevalier, Hugues du Rocher, 2 sous et demi de cens, pour des fiefs et tenures qu'elle tient de lui[1]. — Toutefois, le cens perçu sur les maisons ne pèse jamais que sur les roturiers : les habitations des nobles et des clercs en sont absolument exemptes[2].

Les *coutumes* proprement dites, qui se distinguent nettement du cens, sont acquittées en nature. — Le *champart* (campi pars), qu'on désigne en langue celtique par le mot *terquisiaeth*, représente l'abandon fait au propriétaire par le tenancier d'une partie des récoltes. Une variété de champart, que l'on trouve en Bretagne, c'est le *kevrod*, qui porte principalement sur le miel[3].

Toutes les coutumes, qui se perçoivent sur la récolte même, s'appellent encore *terrages*. Le mot *terrage* semble bien en effet un terme général, qui désigne toutes les redevances en nature[4].

Les formes les plus importantes du terrage, ce sont le *frumentagium*, l'*avenagium*, le *gallinagium* : le tenancier donne

---

(1) *Cart. de Saint-Melaine*, f° 27. En 1247, Robert Vigier, chevalier. prétend que Saint-Melaine doit vendre une vigne située sur son fief. Il abandonne ses prétentions « salvo jure census qui est XVIII d. et reddendus in nondinis B. M. ipsi militi annuatim prout reddere consueverunt ante quitacionem supradictam. » (*Ibid.*, f° 37 r°).

(2) Voy. à l'Appendice (p. 125) ce passage du *Cart. de Quimper* : « Super qualibet domo predictarum villarum debentur duo cribrate avene cum una gallina, *excepta domo Rivalloni clerici* in qua moratur ad presens desuper qua nichil debetur et tenet sextam partem ville predicte de Kerlemoy. »

(3) Cf. Dom Lobineau, t. II, p. 104, et *Anciens Evêchés*, t. III, Prolégomènes, pp. XCIV et sqq.

(4) « ... Super hoc de lit etiam ipse .achel dimidium terragium quod habebat in ortis de Campo Dolent, altari Sancte Marie in elemosinam. Quod terragium est in feudo Ernulfi Huelini, in feodo Normanni de la Couardiere, in feodo Gaufridi Mauricii. » (*Cart. de Saint-Georges*, p. 162). Cf. Dom Morice, *Preuves*, t. I, col. 435.

à son propriétaire une quantité déterminée de sa récolte en froment, en avoine, un certain nombre de poules, ou bien encore il lui livre des pains, des moutons (*multonagium*), des porcs[1].

Le *vinage* constitue une autre sorte de terrage : une partie de la vendange revient au propriétaire[2]. Au vinage se rattache le *bouteillage* ou le *potage*, redevance d'une bouteille ou d'un pot, prélevée sur les boissons[3].

Voilà quelques spécimens de coutumes, dont le nom change souvent d'un district à l'autre; elles sont extrêmement variées et nous ne prétendons pas les décrire toutes.

Les coutumes pèsent beaucoup plus exclusivement que le cens sur les paysans. Cependant, les documents nous montrent que des nobles, des chevaliers peuvent avoir à acquitter, dans certains cas, le terrage et le vinage[4].

Les coutumes, en raison même de leur nombre et de leur variété, aggravent singulièrement l'exploitation seigneuriale. Mais, dès le XIIIe siècle, l'on voit des propriétaires qui, moyennant un abonnement, renoncent à certaines de ces redevances; au lieu de l'impôt en nature, ils s'engagent à lever une redevance fixe qui se percevra en argent; ainsi, en 1241, l'évêque de Vannes remplace sur un de ses domaines le *gallinagium* et l'*avenagium* par une rente fixe annuelle de 12 deniers, que doit

---

(1) Voy. *Cart. de Quimper* (*Latin*, 9891, fo 5 vo) et l'Appendice. Cf. Dom Morice, t. I, col. 493-94. — « Hæc est redditio de terris sancti Rouani... Guegant habeant quarturum frumenti, torth panis cum duabus gallinis in Natale Domini et in Pascha torth panis cum ovis et guastell in augusto... et unus multo... » (*Cart. de Quimperlé*, pp. 27 et sqq.).

(2) En 1256, Raoul de Pondouvre renonce, en faveur de Saint-Malo de Dinan, à tout droit de vinage sur le fief de Saint-Suliac (Dom Morice, *Preuves*, t. I, col. 964, et *Anciens Évéchés*, t. IV, p. 415).

(3) *Anciens Évéchés*, t. III, Prolégomènes, pp. c et ci.

(4) Au commencement du XIIe siècle, l'abbaye de Saint-Martin de Vertou réclame le vinage de plusieurs chevaliers, qui autrefois lui devaient le terrage. Conan III fait juger le procès par les barons de sa cour : «... Sicuti de messibus, unde milites minime contradicebant terragium cæteraque jura supradictis monachis reddere solebant, sic de vineis reddi judicaverunt... » (*Actes inédits des ducs de Bretagne*, no XLI, loc. cit., t. XVII, p. 85).

payer chaque tenancier[1]. Si à des conventions de cette nature le propriétaire peut trouver un profit réel, la transformation est aussi très favorable aux paysans, elle constitue pour eux un allègement de charges tout à fait évident : mieux vaut être soumis à des droits fixes en numéraire qu'à des redevances en nature multiples et variables.

Toute mutation foncière donne encore lieu à une redevance : ces droits de mutation s'appellent, en Bretagne comme dans d'autres pays, droits de *lods et ventes*[2]. A chaque vente de tenure, le seigneur lève une certaine somme qui tend à se fixer ; sur les meubles du défunt il perçoit un impôt qui, d'abord assez élevé puisqu'il enlève le tiers de ces biens, se réduit peu à peu au quart, au cinquième, ou même au neuvième[3]. Les lods et ventes, qui se présentent comme l'un des signes caractéristiques du droit de propriété, figurent au premier rang des charges domaniales et se sont maintenus dans leur intégrité jusqu'à la fin de l'ancien régime[4].

CHAPITRE IV

LES DROITS D'USAGE

L'exploitation seigneuriale s'étend à tout ce qui est d'un usage commun aux habitants du domaine; c'est du propriétaire que dépendent les droits d'usage et les banalités.

Outre les tenures, le seigneur possède des bois, des prés, des landes : ce sont là les parties essentielles de sa réserve dont les paysans ne peuvent jouir que par grâce. Au Moyen-Age, en Bretagne, nous ne voyons pas trace de biens communaux. Les mots *commune, communia* se rencontrent dans les actes, mais

---

(1) *Cart. du Morbihan*, n° 269, *loc. cit.*, an. 1894, Doc., p. 202.
(2) Voy. *ibid.*, n° 316, *loc. cit.*, an. 1894, Doc., p. 333.
(3) *Anc. Evêchés*, t. III, Prolégomènes, pp. XCI et XCII.
(4) Voy. Arch. de la Loire-Inférieure, B. 9, passim.

ils désignent visiblement des propriétés seigneuriales[1]. Une terre commune c'est, semble-t-il, une terre sur laquelle les paysans ont un droit de jouissance en commun. Voici un document qui paraît bien confirmer cette hypothèse : en 1241, Geoffroy de Trémerreuc donne à Saint-Aubin un domaine où l'abbaye pourra caser comme tenancier un de ses sujets : « *Præterea ego*, ajoute Geoffroy, *concessi dictis monachis quod ille homo, in dicto campo stans successive et manens, sicut et alii homines in mea terra habeat* COMMUNIONEM[2]. » — *Communio*, c'est le droit de jouissance en commun ou le droit d'usage sur certaines parties du domaine; *commune* ou *communia*, ce sont les parties du domaine dont on jouit en commun.

Le propriétaire, sur ses prés, dans sa forêt ou dans les haies qui bordent les chemins, accorde donc des droits d'usage (*usuagium*) à ses paysans ou aux paysans d'un monastère voisin. Les tenanciers peuvent cueillir du bois mort pour se chauffer, emporter même du bois vert pour construire ou réparer leur maison; dans le pré ou dans la lande, il ne leur est pas interdit de mener paître leurs chevaux, leurs bestiaux, leurs porcs[3].

(1) En 1250, Raoul de Kemortz accorde à l'abbaye de Lanvaux « usagium plenarium in viridi et sicco in straminibus et in saltibus, in pascuis animalium et equorum et plenarium pennagium porcorum in omni silva mea propria *et in omni communi meo*... Præterea concessi et dedi omnibus hominibus dicte abbatiæ... de Lanvaux usagium plenarium in siccis lignis et prostratis *et in omni silva mea et communi* et in straminibus et in pascuis animalium, excepto pennagio porcorum... » (Dom Morice, *Preuves*, t. I, col. 945). En 1287, les exécuteurs testamentaires du duc Jean le Roux restituent à Saint-Gildas de Ruis un bois : «... sed nemus spectat ad commune : unde possessionem dicte terre reddimus et restituimus religiosis supradictis... » (*Actes inédits des ducs*, n° CLXV, *loc. cit.*, t. XIX, pp. 253-54).

(2) *Anciens Evêchés*, t. III, p. 96.

(3) «... Homines manssionarii in villa de Gavre probaverunt per litteras inclite recordationis Petri, quondam comitis Britannie, quod ipsi debent habere in foresta de Gavre, extra brolia, pasturam animalium suorum et letheriam et nemus mortuum ad usus... » (Acte de 1288, dans les *Actes inédits des ducs*, n° CLXVII, *loc. cit.*, t. XIX, p. 256). Cf. un acte de 1264 (*Anciens Evêchés*, t. III, pp. 145-46). «... Noveritis quod ego, pro salute anime mee et antecessorum meorum dedi et concessi in puram et perpetuam elemosinam abbacie Sancti Albini et monachis ibidem Deo servientibus usuagium suum et hominibus

Cependant, pour la pâture des porcs, ils payent en général un droit qu'on appelle *pasnagium* : c'est le revenu seigneurial du droit d'usage[1]. Mais, en terme général, tout droit d'usage est une concession gracieuse que le propriétaire peut toujours révoquer et qu'il révoque en effet quelquefois[2].

Le seigneur fait d'ailleurs exercer, dans ses bois et forêts, une surveillance très stricte; des forestiers, des gruiers, qui sont ses officiers, souvent héréditaires, veillent à la conservation des domaines réservés[3]. Les amendes, qu'ils lèvent sur les délinquants, constituent leur principal profit[4].

On conçoit aisément comment ces prés, ces forêts ont pu devenir parfois, dans la suite, la possession des vilains, des communautés rurales. Dès le Moyen-Age, il arrive qu'on les considère comme biens communs au propriétaire et à ses sujets[5]. Plus tard, lorsque les liens domaniaux se sont un peu

eorum manentibus apud Plcherel in perraria de Landa Minon... » Vers 1055, Conan II reconnaît aux moines de Livré et à leurs tenanciers le droit de pâture dans la forêt du comte « et per boscum et per planum... excepto XV diebus aprilis et totum Maïum boscum non intrent. » (*Actes inédits des ducs*, n° XI, *loc. cit.*, t. XVII. pp. 29-30). — En ce qui concerne les haies qui bordent les chemins, cf. *Le régaire de Dol*, App., n° V (*loc. cit.*, p. 410) : les haies « deivent estre de chescune part de doze piez hors des fossez, » c'est-à-dire de douze pieds de largeur et non de douze pieds en hauteur, comme le pense M. de la Borderie : ainsi s'explique que pour garder ces haies le sire de Combour nomme un baier.

(1) Au XIe siècle, la duchesse Berthe donne à Saint-Pierre de Rennes « tertiam partem pasnagii quod predictus comes in suo dominio habebat de silva que Mons Mohon vocatur. » (Dom Morice, *Preuves*, t. I, col. 408).

(2) Le duc Jean dépouille les habitants du Gâvre des droits d'usage qui leur avaient été concédés dans la forêt du Gâvre : chaque fois qu'on trouvait une bête leur appartenant dans la forêt, on leur faisait payer 6 deniers d'amende : voy. un acte de 1288, dans les *Actes inédits des ducs*, n° CLXVII.

(3) Voy. une concession d'Alain, sire de Penthièvre, à Sainte-Marie de Boquen en 1211 : « Praeterea concessi eis ut semper habeant forestarium suum   predictis nemoribus cum forestario meo... » (*Anciens Evêchés*, t. III, p. 231).   *Le régaire de Dol*, App. n° V, art. 13 : « Et esgardèrent que la coustume   l'evesque feseit prendre au gruier, il ne la puet prendre illeuc ne ailleurs   nostre fei. » Sur les forestiers fieffés, voyez plus haut, p. 55, note 2.

(4) *Très ancienne Coustume*, chap. CCLXXVII.

(5) Voyez une donation d'Hervé et d'Eudes à Saint-Florent, au XIe siècle : « Concesserunt autem isti duo ad aedificationem ecclesiae et domorum monachi et ad calefaciendum monachum et furnum ejus omnia nemora sua praeter Plesseid et Banalec des Fez et pascua et ligna et stipulas communia sibi et hominibus suis... » (Dom Morice, *Preuves*, t. I, col. 430).

relâchés, lorsque les communautés rurales se sont constituées, elles ont pu, en certains cas, prendre possession de telle ou telle terre commune. Telle est peut-être l'origine des biens communaux.

Il ne nous semble pas que ces biens soient les débris d'une ancienne propriété collective, comme certains auteurs l'ont prétendu ; ils ont dû se constituer en général à une époque tout à fait moderne; encore au XVIIe siècle, la plupart des terres communales sont réservées aux tenanciers de tel ou tel fief et, pour en jouir, chacun d'eux doit payer une redevance au propriétaire[1].

Il est un droit dont les seigneurs ne se dessaisissent, pour ainsi dire, jamais, c'est le droit de chasse. La chasse constitue, en effet, au Moyen-Age, l'un des rares passe-temps de la classe féodale. Ce droit paraît néfaste aux cultivateurs : le gibier, qu'il leur est interdit de détruire, ravage leurs champs[2]. Aussi, dès le XIVe siècle, certains propriétaires renoncent-ils au droit de chasse exclusif, moyennant une redevance à laquelle s'engagent leurs tenanciers[3].

CHAPITRE V

LES BANALITÉS

Parmi les droits seigneuriaux, il en est peu d'aussi typiques que les banalités ; elles comprennent les moulins, les fours, les pressoirs, et aussi les foires et les marchés.

---

(1) C'est ce que l'on voit, par exemple, dans le fief de Lagrée (Arch. de la Loire-Inférieure, B. 14, fo 19).

(2) Voy. le don de Conan II à Livré, en 1055 : « In terra autem quæ intra præscriptos est terminos nihil retentum est nisi venatio... » (*Actes inédits des ducs*, no XI). Dans la concession d'Alain de Penthièvre à Boquen, citée plus haut : « Retenta mihi tantum modo ferarum fuga et accipitrum captura. » (*Anciens Evêchés*, t. III, p. 231). Cf. *Mandements de Jean V, loc. cit.*, t. VI, p. 271.

(3) Du Châtellier, *op. cit.*, p. 137.

En général, chaque domaine a son moulin et son four qui appartiennent en toute propriété au seigneur. Les habitants ne peuvent moudre leur blé ni cuire leur pain chez eux, ils sont tenus de se servir du moulin et du four seigneuriaux; s'ils ne le font, ils sont condamnés à une amende, car ils ont privé le propriétaire d'un de ses revenus. Il acquittent un droit de mouture (*mullura* ou *folagium*) essentiellement variable, que la *Très ancienne Coutume* prétend fixer à la seizième partie de ce qui a été moulu[1], mais qui, en réalité, n'a jamais pu être uniformément réglé.

Chaque moulin est comme le centre d'une véritable circonscription, sur laquelle le seigneur possède un droit de juridiction[2]. Cette circonscription, c'est ce qu'on appelle la banlieue; elle s'étend, d'après la *Très ancienne Coustume*, sur un rayon de 8856 pieds[3], c'est-à-dire d'environ une lieue. Tous les hommes, qui résident dans les limites de cette banlieue, doivent fréquenter le moulin. Si le seigneur direct ne possède pas de moulin, la banalité revient au suzerain; mais, dès que le seigneur sujet en a fait construire un, il a le droit de « retraire ses hommes du suzerain seigneur[4]. » La banalité du moulin est donc un attribut essentiel du droit domanial.

Ce qui le prouve bien encore, c'est que si le moulin seigneurial ne peut suffire aux besoins du domaine, les vilains peuvent s'adresser au moulin d'un domaine voisin, mais les droits de

---

(1) *Tr. anc. Coustume*, chap. CCLIV (Planiol, pp. 246 et sqq.).

(2) En 1271, Robert d'Appigné vend à Saint-Magloire de Léhon tous les droits qu'il possède sur les moulins de Brachesac « ... et in situ, atachia et districtu et aliis pertinenciis dictorum molendinorum, cum districtu hominum meorum de Lanvalay, habendo et compellendo ad dicta molendina... » (*Anc. Eréchér*, t. IV, p. 373). Cf. *ibid.*, pp. 381-82. — En 1257, Saint-Gildas de Rhuis cède à Jean, duc de Bretagne, plusieurs moulins : « ... Et est sciendum, ajoute le duc, quod non concesserunt nobis *districtus super homines suos, nisi tantum ad multuram ;* sed molendinarii feodarii tenebunt illud quod habent in dictis molendinis a nobis et a nostris, sicut tenebant a dictis religiosis. » (*Actes inédits des ducs,* nº CXXX, *loc. cit.*, t. XIX, pp. 179-80).

(3) *Tr. anc. Coustume*, chap. CCLIV.

(4) *Ibid.*, chap. CCLIII (Planiol, pp. 245-46).

mouture sont perçus par leur seigneur[1], ou tout au moins les amendes, qui les frappent, lui reviennent[2]. Les banalités donnent lieu entre voisins à de nombreux procès, procès qui tiennent fort à cœur aux parties, car il s'agit d'un droit de propriété important.

Le meunier est un agent du seigneur qui gère le moulin, poursuit les délinquants, prononce et perçoit les amendes[3]. Parmi les meuniers, les uns ne sont que de simples régisseurs[4], d'autres sont des fermiers qui rapidement en arrivent à considérer le moulin comme leur fief[5]. Les uns et les autres reçoivent comme rémunération une partie des revenus du moulin; il en est qui prélèvent pour leur part les droits de mouture un an sur deux[6]. Souvent les fermiers des moulins et des fours font subir aux paysans des taxes indues, sans que le seigneur puisse réprimer leurs exactions[7].

(1) Voy. une charte datée du XIIIe siècle et accordée au prieuré de Bécherel par Juel de Mayenne et Gervaise de Dinan (Arch. départ. d'Ille-et-Vilaine, fonds de Marmoutiers, liasse du prieuré de Bécherel).

(2) Voy. un acte de 1249 (Cart. de Saint-Melaine, fos 183 vo-84) : à Morlaix, le duc de Bretagne fait établir des moulins qui nuisent aux moulins de l'abbaye : il est décidé que les hommes du prieuré sont tenus de faire moudre leur blé au moulin ducal; en cas de défaut, ajoute le duc, « nos vel allocati nostri habebimus moulturam seu folagium et dicti religiosi habebunt emendam. » — Les hommes de Saint-Melaine, qui résident sur la paroisse d'Acigné, doivent user du moulin du seigneur d'Acigné; mais les amendes, auxquelles ils seront condamnés, appartiendront à l'abbaye (ibid., fo 70).

(3) Cf. une transaction, conclue en 1209, entre Juel de Mayenne et Geffroi de Fougères (Dom Morice, Preuves, t. I, col. 813 et sqq.).

(4) Dans les recettes des exécuteurs testamentaires de Jean le Roux, en 1287, on lit : « Per manum Philipoti, custodis molendini de Elraio, pro octo quarteriis frumenti venditis 13 l. 12 s. » (Actes inédits des ducs, no CLXVIII, loc. cit., t. XIX, p. 284).

(5) En 1263, Pierre d'Acigné reconnaît à Saint-Melaine la dîme des moulins à blé de la paroisse d'Acigné, « excepta porcione quam molendinarii feodati pro refectione seu reparacione dictorum molendinorum in eisdem molendinis debent et consueverunt percipere et habere prout consuetum est quod molendinarii feodati percipiant et habeant in molendinis in fluvio Vicenione existentibus. » (Cart. de Saint-Melaine, fo 71).

(6) Tel, le meunier de Kaergor, qui dépend de l'abbaye de Beauport (Anciens Évêchés, t. IV, p. 201).

(7) Le duc Jean III, au XIVe siècle, constate que, dans ses domaines, ils « font novalitez indeues au grant prejudice et grefvance de noz subgits. » (Ordonnance sur les sénéchaux de Jean III, art. 29, dans Planiol, Très ancienne Coustume, catalogue et textes, no 21, p. 354).

Les moulins et les fours constituent pour le propriétaire un revenu tellement assuré qu'il peut assigner des rentes déterminées sur ses fours ou moulins[1]; il concède la mouture d'une paroisse, comme il le ferait de toute autre coutume[2]. Par l'effet des successions ou des mutations, il arrive qu'un moulin soit partagé entre plusieurs propriétaires : on pourra posséder un sixième ou un septième de moulin[3] : ainsi se morcellent souvent, au cours des siècles, les droits seigneuriaux.

En Bretagne, nous trouvons encore la trace du droit de *banvin*. C'est le droit que s'arroge le seigneur d'interdire à ses paysans la vente de leurs vins pendant un temps déterminé, ce qui lui permet à lui-même d'écouler sa propre récolte; pendant quinze jours, chaque année, l'évêque de Nantes se réserve le monopole de la vente du vin[4].

Toutes les transactions commerciales dépendent aussi du propriétaire. La circulation des marchandises n'est pas libre : le seigneur lève un droit de passage (*passagium*, péage) sur les objets qui sont transportés sur son domaine[5], et un droit d'entrée ou *tonlieu* sur ces objets, à l'entrée ou à la sortie[6]. Ce sont ses

---

(1) En 1210, Guillaume de Pollencé donne à Saint-Georges « viginti solidos in redditum perpetuo habendos in molendinis meis de Quarquerun. » (*Cart. de Saint-Georges*, p. 208). En 1254, Jean, duc de Bretagne, accorde à Saint-Melaine 50 livres à prendre sur les fours de Rennes (*Anc. Evêchés*, t. VI, p. 183).

(2) Au commencement du XIe siècle, Guidogonia donne à Saint-Sauveur un moulin «cum omni molta parrochie Calumiaci. » (Arch. d'Ille-et-Vilaine, *Fonds de Marmoutiers*, prieuré de Saint-Sauveur-des-Landes, dossier A).

(3) Cf. un acte du XIe siècle (*Cart. de Saint-Georges*, p. 151) et un autre de 1218 (*Cart. de Saint-Melaine*, f° 116).

(4) Cf. un acte de 1411, dans les *Mandements de Jean V*, n° 1114 (*loc. cit.*, t. V, p. 146).

(5) En 1132, Conan III donne aux moines de Tiron le Pont-Rousseau à Nantes, avec le péage qui s'y perçoit et qui est de 2 deniers par voiture (*Actes inédits des ducs*, n° XXXV, *loc. cit.*, t. XVII, p. 75).

(6) « Notum sit quod Mauricius de Ancenisio donavit Beato Martino teloneum de omnibus rebus nostris dominicis per castrum suum Ancenisum tam per aquam quam per terram transcuntibus. » (Acte de 1100, dans Dom Morice, *Preuves*, t. 1, col. 508).

agents qui perçoivent le péage ou le tonlieu [1]. Ces droits portent sur les marchandises; ils affectent parfois cependant la personne qui trafique : il n'est pas rare de les voir attribués, sur un domaine étranger, au seigneur des acheteurs ou des vendeurs [2].

Chaque bourg de quelque importance a des foires à époques déterminées. C'est le seigneur qui a créé ces foires; aussi fixe-t-il en maître et perçoit-il les coutumes qui atteignent les marchands, les acheteurs, et, d'une façon générale, toutes les ventes de marchandises, tous les trafics auxquels on se livre [3].

Chaque semaine, même dans des agglomérations peu considérables, se tient un marché. Le marché est aussi une fondation du seigneur, qui a construit un lieu couvert ou établi des stalles pour les marchands : il leur loue ces stalles, perçoit sur la vente des marchandises des droits de diverses sortes, que l'on désigne souvent par le terme général de *cohuage* [4]; il exerce encore la police du marché, en possède toute la juridiction, lève des amendes sur les délinquants [5]. Ajoutons enfin que le monopole des poids et mesures lui appartient aussi : autre source de profits [6].

Tel est l'ensemble des banalités, qui, en Bretagne, comme dans les autres régions, atteignent directement les vilains. Les

---

(1) Vers 1040, Alain, duc de Bretagne, et son frère donnent le péage d'Acigné aux religieuses de Saint-Georges : « Ita tamen dederunt ut ad illum passagium colligendum famulum ponerent et deponerent ad libitum suum. » (*Cart. de Saint-Georges*, p. 146).

(2) Vers 1111, les moines de Saint-Martin de Josselin déclarent que Geoffroy de Lohéac leur a confirmé « donum matris sue et patrui sui Gualterii Spine, hoc est passagium apud predictum castrum Lohoiac de hominibus dominicis nostris ubicumque maneant, quicquid portent vel ducant... » (*Cart. du Morbihan*, n° 186, *loc. cit.*, an. 1894, Doc., p. 57). Cf. dans Dom Morice, *Preuves*, t. I, col. 529-30, un acte de 1115.

(3) Voy. par exemple Dom Morice, *Preuves*, t. I, col. 481. Souvent les foires sont communes à deux seigneurs voisins : cf. la convention conclue entre Robert de Vitré et Sainte-Croix, en 1172 (*ibid.*, p. 666).

(4) *Cart. du Morbihan*, n° 276, an. 1894, Doc., pp. 227-28.

(5) Dom Morice, *Preuves*, t. I, col. 1060.

(6) *Anciens Evêchés*, t. III, p. 115.

monopoles que s'arroge le seigneur ont certainement pour excuse quelques services rendus aux paysans ; mais leur véritable raison d'être, c'est le revenu qu'ils procurent à celui qui les détient[1].

CHAPITRE VI

LA JUSTICE SEIGNEURIALE

La justice constitue aussi une partie essentielle de l'exploitation domaniale. On a souvent considéré le droit de justice comme distinct du droit féodal et du droit domanial. Il est certain que les Mérovingiens et les Carolingiens voyaient dans la justice l'une des attributions de leur pouvoir souverain. Mais il est probable que, dès les premiers temps du Moyen-Age, le propriétaire exerçait sur ses esclaves et sur ses serfs le droit de réprimande et de correction : sur la police intérieure du domaine le pouvoir central n'a jamais eu grande autorité. D'ailleurs, les nombreuses immunités, accordées par les rois, achevèrent de livrer aux seigneurs tout le gouvernement de leurs terres.

En réalité, au Moyen-Age, la justice seigneuriale ne nous représente guère qu'une coutume, une redevance[2]. Les hommes de l'époque, quand ils prononcent le mot *justice*, n'entendent désigner ni un pouvoir public, ni un devoir social. La cour du seigneur tente, il est vrai, de réprimer tout attentat contre les propriétés et les personnes[3] ; mais ce qui, sans aucun doute, intéresse le justicier, c'est la sanction, c'est-à-dire les amendes, qui constituent l'un de ses revenus les plus sûrs.

(1) Les seigneurs, à tout moment, assignent des rentes sur les foires et marchés ; ainsi, en 1282, Geoffroy de la Rochemoisan donne à l'abbaye de la Joie 4 livres de rente, à prendre sur la cohue de Pontscorff (*Cart. du Morbihan*, n° 398, an. 1894, p. 401).

(2) En 1257, Conan de Quélen donne à l'église de Fougères « unam domum in predicta villa de Filgeriis liberam ab omni exactione, justicia et omni alia consuetudine... » (*Anciens Evêchés*, t. VI, pp. 184-85).

(3) Cf. *ibid.*, t. IV, p. 281, un acte de 1199.

Ainsi s'expliquent les conventions si nombreuses auxquelles
donnent lieu les droits de justice. Quand sur le même domaine se
trouvent plusieurs propriétaires, à qui doivent appartenir les
revenus judiciaires? La question se pose toujours sous cette
forme. Elle se résout suivant des modes bien divers : tantôt
l'amende appartient à qui a prouvé le délit [1]; tantôt elle se partage entre les seigneurs [2].

C'est surtout entre laïques et ecclésiastiques que le partage de
juridiction s'impose le plus souvent. Parfois, il y a deux cours,
exerçant chacune son action sur un territoire déterminé : Guillaume de la Guerche, en 1208, laisse à la collégiale de la Guerche
la juridiction du cloître, mais tout délit commis au dehors sera
jugé par Guillaume, qui se réserve aussi le jugement de toutes
les rixes éclatant entre ses hommes et les sujets de la collégiale,
même sur le territoire du cloître [3]. D'autres fois, comme il est
convenu à Tinténiac entre l'abbesse de Saint-Georges et le sire
de Tinténiac, il n'y a qu'une cour commune, mais chaque seigneur
a son sergent, qui arrêtera les coupables. Les biens du condamné
à mort appartiendront à l'abbaye, à moins que le voleur ne soit
étranger au domaine, auquel cas il y aura partage [4].

Une règle tout à fait générale, c'est que, sur les terres ecclésiastiques, le seigneur laïque garde le droit d'exécuter les personnes condamnées à la peine capitale; car les lois religieuses
interdisent aux clercs de donner la mort [5]. Il arrive que même
après avoir cédé un domaine à une abbaye, le laïque se réserve
les cas de justice qui peuvent entraîner la mort [6]. Il ne s'agit pas

---

(1) Voy. un acte de 1069, dans Dom Morice, *Preuves*, t. I, col. 432.
(2) Voy. la convention conclue entre Yolande, dame de Fougères, et le prieuré
de la Trinité de Fougères (*Chartes du Prieuré de la Trinité de Fougères, loc.
cit.*, p. 246).
(3) Dom Morice, *Preuves*, t. I, col. 804.
(4) Acte de 1253 (*Cart. de Saint-Georges*, p. 228).
(5) Cf. *Chartes du Prieuré de Fougères, loc. cit.*
(6) En 1212, Juel de Mayenne donne à l'abbaye du Tronchet la moitié de la
maison de feu Gormel, avec tous les droits de justice qu'il y possédait, « hoc
solummodo ad opus meum retento quod si contingeret aliquem ibi fore facere
per quod mereatur judicari morte vel detruncatione membrorum, judicium, id

seulement d'un service, mais aussi et surtout d'un droit lucratif, car le plus souvent les biens du condamné sont confisqués par celui qui a opéré l'exécution.

Ce qui prouve encore le caractère tout fiscal de la justice, c'est l'âpreté avec laquelle les seigneurs se disputent les droits de juridiction. Les usurpations de justice atteignent surtout les domaines ecclésiastiques. Voici un exemple bien typique : le vicomte de Rohan oblige les hommes du couvent de Bonrepos à suivre sa cour, ce qui est une violation des privilèges de l'abbaye. En 1280, entre les deux parties intervient un accord, d'après lequel le vicomte n'exercera sa juridiction qu'en la châtellenie de Plusulian ; il s'interdit de lever plus de cinq sous par amende ; mais en cas de crime, ajoute-t-il, « nous poons prendre nos deniers comme seignor [1]. » Ce qui est assez piquant, c'est que, peu de temps après, le vicomte de Rohan reproche au duc de Bretagne de donner refuge à ses hommes taillables, même aux malfaiteurs, de les soustraire aux poursuites de sa cour ; le duc l'empêche ainsi d'exercer sur son domaine la justice criminelle et de percevoir les amendes et les profits qui résultent de cette justice [2].

est justitiam de his solummodo mihi in hoc retinui. » (*Anciens Évêchés*, t. VI, p. 152). En 1264, Alain de Lanvaux donne à l'abbaye de Lanvaux tous ses droits sur la villa de Kernaléguen « reservato michi solo modo si homines fuerint mansionarii in supradictis terris bello, plegiato de furto, multro et traditione et horum similibus, quibus per justiciam judicatur homo ad mortem, quod dicti monachi debent michi tradere per manum prepositi mei de Remungol... » (*Cart. du Morbihan*, n° 391, *loc. cit.*, an. 1894, Doc., p. 338). En 1265, Guillaume de la Guerche cède au couvent de la Celle toute la juridiction qu'il a en la Celle « excepta villicaria seu jurisdictione trium delictorum, videlicet raptus, murtri et encim. » *Encis* semble désigner le meurtre d'une femme enceinte (A. de la Borderie, *Origines paroissiales, canton d'Argentré*, dans la *Revue de Bretagne et de Vendée*, 1871, p. 204).

(1) *Anciens Évêchés*, t. VI, p. 199. — En 1261, le duc Jean le Roux juge Olivier de Kergoet, sénéchal de Guillaume de Lohéac, qui a pris et pendu deux tenanciers de l'évêque de Saint-Malo ; il le condamne à dépendre les corps et à payer 40 livres d'indemnité à l'évêque (*Actes inédits des ducs*, n° CXXXIII, *loc. cit.*, t. XIX, pp. 183 et sqq.).

(2) « ... Item dicit contra dictum comitem quod ipse comes injuste recepit et adhuc recipere nititur contra consuetudinem in terra sua homines talliabiles dicti vicecomitis et etiam impeditos in curia dicti vicecomitis de criminibus et deffendit eos ne de dictis criminibus puniantur per dictum vicecomitem et ne dictus vicecomes emendas et lucra eum contingentia per consuetudinem patrie possit levare... » (Acte de 1291, dans le *Cart. du Morbihan*, n° 429, an. 1894, Doc., p. 428).

Les droits de justice ont une importance toute particulière dans l'exploitation domaniale; ainsi l'on comprend que certains seigneurs gardent longtemps encore la juridiction sur des terres ou des hommes qui ne leur appartiennent plus [1].

D'assez bonne heure, l'on distingue très nettement la haute et la basse justice [2]. La haute justice, c'est le droit de connaître de tous les crimes, tels qu'assassinat, vol, rapt [3]. La basse justice ne semble s'appliquer qu'aux délits de moindre importance et principalement aux contraventions purement domaniales.

Quoi qu'il en soit, le seigneur exerce sur ses hommes la justice d'une façon absolue; c'est lui qui fixe, de sa propre autorité, les tarifs d'amende; pendant presque tout le Moyen-Age, il n'existe pour les sujets aucune espèce de garantie.

Il est difficile de distinguer exactement si la justice s'applique plutôt aux hommes qu'à la terre. Il semble bien cependant que d'abord elle a eu un caractère surtout personnel : très souvent les seigneurs conservent sur leurs hommes, qui ont commis quelque délit sur un domaine voisin, droit de justice et de correction : les hôtes du prieuré de Jugon sont justiciables des moines, même lorsqu'ils se trouvent au marché du sieur de Dinan. Si la justice de l'abbaye est en défaut, le jugement reviendra au seigneur, mais c'est Jugon qui touchera les amendes [4]. Une convention très analogue est conclue, au XIe siècle, entre Robert de Vitré et Sainte-Croix; toutefois, il est entendu que si un étranger vient se fixer dans le bourg du couvent, il sera soumis à sa

---

(1) En 1281, Geoffroy de Châteaubriant abandonne au prieur de Béré tous les droits qu'il possède sur les hommes de Saint-Jean de Béré; il ne retient que la haute justice (Dom Morice, *Preuves*, t. I, col. 1059).

(2) Cf. *ibid* et la lettre du duc Jean de Bretagne pour Beauport, datée de 1266 : « ... Quitantes predictis religiosis in premissis omnibus et singulis omne ius, dominium et obeissantiam, ac justiciam altam et bassam que et quas in predictis omnibus et singulis habebamus et habere poteramus vel reclamare et etiam in hominibus eorum in terris dicti monasterii in Ducatu Britanniæ acquisitis et acquirendis. » (Dom Morice, *Preuves*, t. I, col. 1005).

(3) Cf. un acte de 1015, dans les *Actes inédits des ducs*, nº V, *loc. cit.*, t. XVII p. 13.

(4) Acte du XIe siècle, dans les *Anciens Evêchés*, t. IV, p. 332.

juridiction [1]. Dans un accord entre Pierre de Bretagne et Hervé
de Léon, relatif au domaine d'Hennebont, qui est indivis, on
décide que chaque seigneur gardera ses droits de juridiction sur
les hommes qui lui appartiennent en propre [2].

Cependant, comme il est naturel, la justice, de plus en plus,
prend un caractère réel : à tout moment, il est question de la
justice d'une terre, d'un moulin, d'une forêt, d'un chemin [3]; en
1367, Charles de Bretagne ordonne à ses officiers, lorsqu'il leur
faudra arrêter quelqu'un de ses sujets sur le territoire de
l'évêque de Quimper, de toujours demander à l'évêque son autorisation [4].

Mais voici une transformation plus grave qui se prépare. Au-
dessus de la féodalité bretonne, s'élève peu à peu l'autorité des
ducs de Bretagne, qui prétendra exercer un certain contrôle sur
la justice seigneuriale. Les ducs possèdent, sur un grand nombre
de domaines ecclésiastiques, le droit de garde et d'avouerie [5],
auquel se rattache souvent un droit supérieur de justice. Enfin,
dès le XIIIe siècle, ils prétendent juger en appel les sentences
rendues par les cours seigneuriales [6].

(1) Dom Morice, *Preuves*, t. I, col. 424.
(2) « Dendroet nos homes de Kemenetboen cheschun de nos aura la justice e
les amandes de ses homes ainsi come nos avons eu anciennement; et des autres
homes de hors qui mefferont en Kermenetboen ou en la communauté dou port
seront les amandes communes ainsi come eles ont esté anciennement. » (*Actes
inédits des ducs*, n° CXXXV, *loc. cit.*, t. XIX, pp. 187 et sqq.).
(3) Les quatre chemins de Dol à Saint-Malo, de Dol à Combour, de Dol à
Saint-Brelade et de Dol à Dinan, dépendent de la justice de l'évêque de Dol ; la
garde en appartient au seigneur de Combour qui fera exécuter les larrons (Cf.
l'accord de 1240 entre le seigneur de Combour et l'évêque de Dol, dans A. de la
Borderie, *Le régaire de Dol*, App. n° V, *loc. cit.*, pp. 204 et sqq.). — Sur la
justice des chemins, voy. encore *Très ancienne Coustume*, chap. CCLVI (Planiol,
p. 250).
(4) *Cart. de Quimper*, latin 9891, f° 45.
(5) Cf. *Le régaire de Dol*, App., n° V.
(6) En 1238, le duc de Bretagne concède à l'abbaye du Mont-Saint-Michel
les droits de justice de Mont-Rouault « ita tamen quod si curia dictorum monachorum de illa elemosina contradicta fuerit, ad nostram curiam deveniet contra-
dictum... » (*Actes inédits des ducs*, n° CXI, *loc. cit.*, t. XIX, p. 157-58). —
Nous voyons aussi des laïques qui exercent le droit d'appel sur les cours
de seigneurs ecclésiastiques : tel Alain Gifart pour un certain nombre de
fiefs qui appartiennent à Saint-Melaine (acte de 1218, dans le *Cart. de Saint-
Melaine*, f° 115 v°-116 r°). Cf. *Chartes du prieuré de Fougères*, *loc. cit.*, p. 246.

Ces empiètements de la justice ducale, comme en France les empiètements de la justice royale, ont pour effet de transformer les conceptions judiciaires. La Très ancienne Coutume, qui n'est pas un code officiel, mais qui est visiblement favorable à la politique ducale, marque des tendances nouvelles : l'amende, déclare-t-elle, ne doit pas être un gain pour les seigneurs ; elle doit servir uniquement à solder les frais de justice [1]. La justice repose sur un principe supérieur de paix sociale : elle doit être la sauvegarde des faibles et des malheureux : « Justice ne fut établie que pour charité [2] » : telle est la conclusion de légistes qui s'inspirent certainement du droit romain et des idées chrétiennes.

Il est bien évident que ces maximes et ces principes ne devaient triompher que beaucoup plus tard ; pendant de longs siècles encore, la justice domaniale ne sera qu'un instrument de l'exploitation seigneuriale. Il n'en est pas moins vrai que, dès le Moyen-Age, nous percevons un germe de destruction qui finira par ruiner le régime que nous avons tenté de décrire.

CHAPITRE VII

LES DÎMES

Ce n'est pas seulement le seigneur direct qui exerce des droits sur les vilains, qui les astreint à des redevances. Dans l'exploitation seigneuriale interviennent à la fois les églises qui, sur tous les domaines, lèvent la dîme ; les seigneurs laïques, qui souvent ont la garde des sujets d'ecclésiastiques, et qui alors exigent

(1) « Et auxi doivent les seigneurs et les dammes amer lours subjez et lours hommes, et les deivent garder de torz et de violences d'eulx et de tous autres, et les enssaigner à bien faire et à bien dire. Et se ils se mesprennent, dont il convienge que amende soit levée, les seigneurs n'en doivent riens retenir a eulx fors a soudeier et à paier les officiers, qui font lours offices... » (*Tr. anc. Coustume*, chap. CCXXII, Planiol, p. 225).

(2) « Justice fut establie pour cherité, quar si justice n'estoit les menuz gienz ne auroient de quoy vivre, quar les granz genz et les puissanz leur ostassent le lour et ce que ils eussent gaingnié, et n'en fust que guerres et contempz... » (*Ibid.*, chap. CCCXXXIV, p. 308). Cf. Planiol, *Introduction*, pp. 13-14.

d'eux des droits d'avouerie ; et enfin les suzerains, qui, sur les paysans de leurs vassaux, comme sur leurs vassaux eux-mêmes, perçoivent l'aide féodale.

Les dîmes ont été très anciennement établies pour subvenir aux besoins des cures paroissiales. Comme très souvent les fondateurs, les patrons de ces églises de campagne ont été des laïques, ceux-ci, pendant longtemps, ont possédé les dîmes, comme les églises elles-mêmes, qu'ils considéraient comme leur patrimoine [1]. Peu à peu, ils ont renoncé à la possession des églises paroissiales, au droit de nommer le curé, aux dîmes elles-mêmes. Depuis le XIe siècle, ces actes de renonciation abondent dans nos cartulaires [2], ce qui n'empêche, d'ailleurs, que pendant de longs siècles, des laïques n'aient possédé encore un assez grand nombre de dîmes [3].

(1) En 1224, un certain Gautier donne à Notre-Dame de Beauport « omnem decimam et omne jus decimarum quod pater meus et antecessores mei jure patrimoniali seu militari in parochia Sancti Petri de Godelin possederunt et quod mihi post decessum illorum videbatur pertinere... » (*Anciens évêchés*, t. IV, p. 82). En 1281, Guillaume de Saint-Gille, chevalier « disoit contre ledit priour [de Saint Gille] que il deveit aveir le trait des deymes de la parroysse de Saint Gile o ses appartenances, » en vertu du droit que possédaient ses ancêtres (*Cart. de Saint-Melaine*, fo 220). — Sur le droit de propriété exercé par des laïques sur les églises patrimoniales, cf. un acte de la fin du XIe siècle : « Notum sit omnibus tam presentibus quam futuris quod ego Barbota ecclesiam Sancti Brevennii per patrimonium habens, ita tamen quod in ecclesia illa qualemcumque capellanum volebam annuatim sive per mensem, nullo contradicente, ponebam... » Comme la papauté ordonne aux laïques d'abandonner aux moines la propriété des églises, la dame renonce à ses droits (*Actes inédits des ducs*, no XXX, *loc. cit.*, t. XVII, p. 65).

(2) En 1190, Olivier de Tinténiac donne à Saint-Georges « totam decimam quam in feudo de Hedeio habebamus, libere et quiete perpetuo possidendam, sicut nos eam possidebamus » (*Cart. de Saint-Georges*, p. 189). En 1055 « duo fratres Fulbertus scilicet atque Normannus medietatem decimæ atque sepulturæ ecclesiæ quæ vocatur Hercei in pago redonensi possidebant. Isti Domino inspirante intelligentes decimam atque sepulturam non stipendiis militum sed potius sustentationi deberi monachorum clericorum, pauperum atque peregrinorum, eandem partem suam Gualterio Sancti Florentii monacho partim in elemosinam... contulerunt. » (Dom Lobineau. *Preuves*, col. 214). Cf. *Cart. de Saint-Georges*, p. 104.

(3) En 1274, Guillaume le Noir, chevalier, possède des dîmes sur plusieurs paroisses : il en fait don à Saint-Melaine (*Cart. de Saint-Melaine*, fo 89 vo). Voy. aussi A. de la Borderie, *Le régaire de Dol*, App., nos I et II, *loc. cit.*, pp. 202 et sqq. — En 1407, les dîmes de la paroisse de Ploegriffet appartiennent au vicomte de Rohan (*Mandements de Jean V*, no 952, *loc. cit.*, t. V, p. 86).

La dîme se lève sur tous les produits des champs; céréales,
lin, chanvre, légumes, vin, chevaux, agneaux, poulets, oies :
voilà sur quoi porte principalement cette redevance [1]. On perçoit
encore la dîme sur le sel, le poisson, les revenus des moulins, du
tonlieu [2], des foires et des marchés [3].

Aux dîmes anciennes viennent souvent se surajouter des dîmes
nouvelles, lorsque s'accroît la valeur des domaines, quand il y a
eu des défrichements nouveaux [4].

Quel est le taux de la dîme? Le sens étymologique paraîtrait
indiquer qu'il s'élève au dixième des produits. Souvent, en
effet, par la dîme du blé, le décimateur enlève une gerbe sur
dix, mais souvent aussi une gerbe sur douze [5], une gerbe sur
seize ou même sur trente [6]. Il ne semble pas y avoir de règle
fixe.

La dîme est recueillie par des serviteurs nommés à cet effet,
ou bien confiée à des personnages qui l'afferment [7]. — Le cultivateur ne doit pas rentrer son blé, avant que les décimateurs ne
lui en aient donné l'autorisation ou avant que la dîme n'ait été
perçue; s'il y a contravention, les délinquants payeront une

---

(1) En 1047, Droaloi, fils de Fredur, donne à Saint-Sauveur « terciam partem
totius decime, videlicet annone, pullorum, vitulorum, porcellorum, agrorum lini
canabique... » (*Cart. de Redon*, p. 268). « Decime messis, vini, vellerum, ovium,
pullorum, equorum, vitulorum, porcorum, agnorum, anserum, canabi, lini et
omnium leguminum, alliorum cepium sacerdoti fideliter persolventur (*Cart. de
Saint-Melaine*, f° 147 v°).

(2) Actes de 1063 et de 1052 (*ibid.*, pp. 258 et 252-53).

(3) Voy. la fondation du prieuré de Béré par Brient, seigneur de Châteaubriant : « Additur etiam his decima omnium rerum quæ videntur exire de consuetudinibus quæ pertinent ad prædictum castrum tam de mercatis quam de
feriis cum decima molendinorum qui sunt in ipso castro... » (Acte du XIe siècle,
dans Dom Morice, *Preuves*, t. I, col. 401).

(4) Ce sont les *decimæ novalium*. Voy. *Cart. de Saint-Melaine*, f° 128 :
« decimæ novalium in parrochia de Beton. » Cf. *ibid.*, f° 129 v°.

(5) Voy. *Anciens Evêchés*, t. IV, p. 104.

(6) Voy. l'Appendice, p. 123 : « Super terra Eudonis Kærgauter tricesimam
gerbam pro decima. »

(7) Voy. un accord conclu, en 1240, entre le prieur du Pont de Dinan et Olivier
de Coëtquen : « videlicet quod dictus prior de cetero terciam partem decime de
Lanvalæ propriis servis colligere poterit vel ad fermam tradere cui placuerit. »
(*Ibid.*, t. VI, p. 174).

amende assez forte[1]. Il n'est pas rare de voir les paroissiens résister aux prétentions même légitimes du possesseur de la dîme; mais, en fin de compte, ils sont obligés de céder[2].

Outre la dîme, chaque cure paroissiale a droit à des offrandes que les paroissiens doivent acquitter à des dates déterminées : à Brehant, le prêtre reçoit à quatre termes, au premier jour de l'an, à Pâques, à la Toussaint, à la fête du saint, un pain ou un denier[3]. Il arrive que des laïques jouissent de ces sortes de redevances, en lieu et place du curé, mais, en général, ils en font don à l'église[4].

La dîme est bien une redevance d'un ordre particulier; elle crée, sur chaque domaine, comme une nouvelle forme du droit de propriété qui se superpose aux autres; la dîme de telle abbaye constitue, en quelque sorte, une circonscription territoriale : c'est la *dîmerie* (*decimaria*)[5], dont la dénomination figure parfois dans les actes : une dîmerie de la paroisse de Plevenon est connue sous le nom de « dîme Tresselin[6]. »

Si la dîme ne servait qu'à l'entretien du curé et aux besoins du culte, on pourrait la considérer comme un impôt véritable, justifié par un service public. Mais, en réalité, le curé ne reçoit qu'une

(1) En 1238, Guegon et ses fils « juraverunt de cetero legitime decimare omnia blada sua canonicis predictis, et quod non removebunt aliquid de blado suo de campo donec legitime totum fuerit decimatum a dictis canonicis vel eorum alloquatis... » S'ils serrent le blé avant la perception de la dîme, ils payeront une amende de 10 livres. Ils ont le droit de mettre de côté six gerbes : à ce droit on donne le nom de *hastivellum* (*Anc. Evêchés*, t. IV, p. 105). Cf. *ibid.*, pp. 106, 107, 112, 421-22.

(2) Les paroissiens de Goudelin essaient de soustraire à la dîme une partie de la récolte : un jugement les condamne à se conformer à la règle (*ibid.*, p. 104).

(3) Acte de 1220 (*Cart. de Saint-Melaine*, fos 147 vo-148).

(4) Harscuet et plusieurs de ses parents concèdent à Sainte-Croix « quicquid de altaris oblatione ad nos pertinet de plebe que vocatur Caer... » (*Cart. de Quimperlé*, fo 71 vo).

(5) En 1300, l'abbaye de Beauport prétend avoir le droit de lever des dîmes sur les propriétés de Jean Boterel « maxime in quibusdam terris sitis in *decimaria* de Sancto Godenano in parrochia de Plelou, juxta domum ipsius Johannis sitam in dicta decimaria... » (*Anciens Evêchés*, t. IV, p. 217).

(6) Saint-Aubin prétend avoir une rente d'une demi-mine de froment « super quadam decima sita in parochia de Plevenon, que quidem decima vulgariter in dicta parochia decima Tresselin nuncupatur. » (*Ibid.*, t. III, p. 151).

6

faible partie des dîmes : à Saint-Méloir-des-Ondes, au
XIII° siècle, il n'a droit qu'au neuvième de la dîme du blé,
tandis que le prieur en perçoit les huit neuvièmes[1]; à Saint-
Benoît-des-Ondes, les moines ne consentent à assigner une
pension convenable au curé qu'après l'intervention de l'évêque
de Saint-Malo[2]. — Ce sont donc les gros décimateurs, les
couvents, qui tirent le plus clair profit de la dîme; ils y tiennent
comme à une redevance lucrative : c'est dire que la dîme n'est
qu'une forme de l'exploitation seigneuriale.

CHAPITRE VIII

LES DROITS DE GARDE ET LES DROITS DU SUZERAIN

Les seigneurs ecclésiastiques, exposés sans cesse aux violences
des guerres féodales, ont coutume de recourir à la protection d'un
seigneur laïque : celui-ci s'engage à défendre les terres et les
sujets de l'évêque ou de l'abbé : le voilà investi du droit de garde
ou d'avouerie[3]. De bonne heure, les ducs de Bretagne ont
accordé ou imposé leur protection à un grand nombre d'établissements religieux, et, dès le XIII° siècle, ils prétendent à la garde
de toutes les terres qui appartiennent aux évêques ou aux
chapitres bretons[4]. Mais sur les abbayes et prieurés, bien

---

(1) A. de la Borderie, *Origines paroissiales. Canton de Cancale*, dans la *Revue
de Bretagne et de Vendée*, an. 1871, pp. 395 et sqq.

(2) *Ibid.*, p. 401. Et encore cette pension ne s'élève-t-elle qu'à un tiers des
dîmes : un tiers ou un quart, tel est d'ailleurs le taux généralement fixé : cf.
Actes inédits des ducs, n° XXX, et *Chartes du prieuré de Fougères*, n° XX, *loc.
cit.*, pp. 239-40.

(3) Au commencement du XI° siècle, un évêque de Dol, Guinguené, veut
donner à son église un protecteur laïque : il fait bâtir à quatre lieues de Dol,
le château de Combour, qu'il donne à l'un de ses frères, Rivallon, avec de grands
domaines. En revanche, le seigneur de Combour a l'obligation de défendre les
terres et les sujets de l'église de Dol, de commander son ost (A. de la Borderie,
Le régaire de Dol, loc. cit., pp. 175-76).

(4) En 1276, Jean, duc de Bretagne, affranchit de tous droits la terre de Tre-
gunc, « preterquam quod sit in nostra et nostrorum post nos gardia et custodia,
prout alie terre cathedralium ecclesiarum et capitulorum Britannie sunt. »
(*Actes inédits des ducs*, n° CXLI, *loc. cit.*, t. XIX, pp. 201-202).

d'autres seigneurs exercent le droit d'avouerie. L'avoué doit défendre l'abbé et ses paysans contre toute attaque, toute violence, toute oppression, toute innovation vexatoire[1]. Mais ce service n'est pas gratuit, tant s'en faut. Ce sont les paysans qui en payent les frais : les hommes de Saint-Martin de Lamballe donnent chaque année au duc 8 livres pour acquitter le droit de garde[2]; à la saint Michel, le vicomte de Rohan perçoit 20 sous sur les tenanciers de Saint-Martin de Josselin[3].

Le droit de garde entraîne bien des abus : au commencement du XIIIe siècle, Jean de Dol prétend exercer le droit de garde sur les hommes de l'abbaye de Saint-Georges; et il lève effectivement sur eux 9 livres sans le consentement de l'abbesse. Comme celle-ci lui conteste ce privilège, Jean de Dol se met à malmener durement les tenanciers ecclésiastiques[4]. D'autres exemples analogues tendraient à prouver que le protecteur attitré se conduit souvent comme l'ennemi le plus dangereux; on redoute ses violences ou, du moins, on les prévoit et l'on essaye de s'en garer[6].

Le droit de garde a souvent pour corollaires le droit d'ost, c'est-à-dire l'obligation pour le vilain de servir en armes l'avoué[6], et aussi le droit de gîte (*prandium, pastus, mangeria*). Quand le seigneur venait sur le domaine, il était nourri et hébergé par ses sujets : voilà en quoi consistait primitivement

___

(1) En 1349, la duchesse Jeanne de Bretagne ordonne à ses agents de Dinan et de Tréguier de prendre « sous leur garde spéciale » l'abbaye de Sainte-Croix de Guingamp et ses sujets : « les gardez, leur mande-t-elle, et deffendez de tort, de violance, d'oppression et de toutes novalitez induez, et les gardez et défendez en leurs justes possessions » (Arch. de la Loire-Inférieure, E. 81, f° 5 v°).

(2) Acte de 1213 (*Anciens Evêchés*, t. IV, p. 312).

(3) Dom Morice, *Preuves*, t. I, col. 800.

(4) *Cart. de Saint-Georges*, p. 197.

(5) En 1206, André de Vitré concède en fief à Alain d'Acigné les paroisses d'Acigné et de Servon « ... Concessit eciam idem Andreas dicto Alano custodiam hominum abbaciarum sicut pater ejus Alanus eas habuerat, ita quod si dicti homines de violencia ipsis a dicto Alano facta conquererentur, idem Andreas justicia mediante violanciam removeret... » (*Cart. de la baronnie de Vitré*, f°* 32 et 33).

(6) *Anciens Evêchés*, t. IV, p. 312.

le droit de gîte. Mais, bientôt, dans la plupart des cas, ce droit fut transformé en une redevance annuelle et fixe en nature et même en argent. — D'ailleurs, sur son propre domaine, le seigneur direct lui-même peut lever le droit de gîte : lorsque l'abbesse de Saint-Georges, au XI° siècle, visite ses hameaux de Terucel et de Tressel, les tenanciers doivent lui donner 5 quartiers de froment, 5 porcs, valant chacun 12 deniers, 8 quartiers d'orge, 8 quartiers d'avoine pour les chevaux, des chandelles ; une autre terre lui donne 4 mesures de vin, 4 porcs, 40 pains, de la cire et du poisson pour une valeur de 20 deniers, 8 quartiers d'avoine [1]; plus tard, des taxes fixes semblent remplacer ces redevances en nature [2]. — Le droit de gîte paraît un impôt assez vexatoire et qui donne lieu à de graves abus; bornons-nous à citer l'exemple que voici : en 1184, Geoffroy, sieur de la Guerche, réclame des sujets de Saint-Cyr 10 sous pour le droit de gîte ; comme les vilains protestent contre cette prétention, Geoffroy les moleste très rudement ; le duc de Bretagne intervient et décide que le droit de gîte doit effectivement appartenir au seigneur de la Guerche [3].

Le suzerain, en sa qualité de seigneur prééminent (*capitalis dominus*), peut exiger des vilains de ses vassaux des redevances purement domaniales, comme la taille, l'*avenagium*, le *gallinagium* [4] : au XIII° siècle, sur une villa de la paroisse de Lebin, qui appartient à l'abbaye de Quimperlé, un chevalier, nommé Tanguy, lève sur les tenanciers une taxe annuelle de 3 sous, c'est-à-dire 12 deniers pour la pâture d'hiver, 12 deniers pour la pâture d'été et le reste pour la taille dite de Saint-Gilles [5]. — Quand le fief est menacé d'une invasion ennemie, le suzerain

(1) Voy. *Cart. de Saint-Georges*, pp. 113 et sqq. Cf. *ibid.*, pp. 95 et sqq.
(2) *Ibid.*, p. 155.
(3) Dom Morice, *Preuves*, t. I, col. 699.
(4) Voy. un acte de 1324, dans le *Cart. du Morbihan*, n° 510, *loc. cit.*, au. 1895, pp. 140 et sqq.
(5) Il lève ces droits « utpote dominus superior » (*Cart. de Quimperlé*, f°s 34 v° et 35).

convoque à l'ost les vilains de ses arrière-fiefs; il les requiert pour la construction et la garde de ses forteresses[1]. Enfin, en sa qualité de seigneur féodal, il perçoit sur eux, comme sur ses vassaux nobles, la taille féodale, l'aide aux quatre cas, qui est comme le germe de tous les futurs impôts[2]. — Ces obligations ne laissent pas d'aggraver, dans une forte mesure, la charge de l'exploitation seigneuriale.

CHAPITRE IX

LA SITUATION MATÉRIELLE DES PAYSANS

En Bretagne, on l'a vu, le servage n'a pas été un phénomène général; les droits qui pèsent sur le paysan atteignent moins sa personne que la terre qu'il cultive, et ils sont déterminés, fixés suivant des tarifs qui ne varient guère et qui semblent devoir empêcher l'exploitation arbitraire.

Ici se pose une question qu'il nous importerait beaucoup de pouvoir résoudre : la condition matérielle du paysan est-elle meilleure que dans les régions où le servage a existé pendant de longs siècles? Malheureusement, nos documents sont, à cet égard, tout à fait insuffisants.

Nous savons déjà que les invasions normandes avaient ravagé tout le pays, que mainte partie de la Bretagne était redevenue

---

(1) En 1237, Pierre, duc de Bretagne, cède à André de Vitré « quicquid comes Britannie percipiebat in feodo dicti Andree de Redonis, tam in tallia, exercitu, echaugueta quam in omnibus aliis redibicionibus... » (*Actes inédits des ducs*, n° CX, *loc. cit.*, pp. 155 et sqq.). Cf. *Tr. anc. Coustume*, chap. CCLX.

(2) En 1200, Henri, fils de Soliman, donne à Saint-Melaine la terre de Sainte-Marie d'Hennebont et renonce à tous les droits qu'il y percevait « ita quod nec pro milicia, nec pro maritagio, nec pro redemptione, nec pro exercitu, nec pro aliqua emergente querela ego nec heredes mei aliquid a monachis et hominibus suis non requiremus... » (*Cart. du Morbihan*, n° 239, *loc. cit.*, an. 1894, Doc., p. 179). Cf. un acte analogue, de 1199, dans Dom Lobineau, *Preuves*, col. 213. La Très ancienne Coustume indique les quatre cas de l'aide féodale : elle est due quand sa fille se marie, quand il est fait chevalier ou bien son fils aîné, quand il faut payer sa rançon, quand il faut le délivrer de prison. La Coutume prévoit un cinquième cas, « quant le seigneur achate terre en sa presmece » (chap. CCLX).

inculte. Dès la fin du Xe siècle, on a commencé de grands travaux de défrichement, que l'on poursuit avec grande persévérance dans les siècles suivants. — Les procédés de culture sont restés longtemps très primitifs; on récolte moins de blé que de seigle et d'avoine. Le système des jachères est très généralement employé; cependant on a déjà la notion des cultures alternantes : certaines terres reçoivent successivement du seigle et de l'avoine; d'assez bonne heure, on commence à se rendre compte des effets des amendements et des engrais [1].

Ce qui a pu contribuer à la prospérité du paysan breton, c'est l'existence de vignes très nombreuses dans toutes les parties de la Bretagne, dans des régions qui, de nos jours, n'en possèdent plus [2]; au XIVe siècle, on plante encore des vignes [3], et jusqu'au XVe siècle, l'exportation des vins bretons donne lieu à un commerce considérable [4].

La vie matérielle est très simple : chaque tenancier a sa maison construite en moellons, en schistes dressés debout ou encore en torchis, couverte de chaume; souvent à la maison attient un petit jardin; les meubles seuls présentent un certain confortable, surtout les lits et les bahuts. — D'ailleurs, bien des gentils-hommes vivent presque aussi maigrement que le colon [5].

Nous ne saurions donc affirmer que le paysan breton ait été plus heureux que le paysan des autres régions françaises; il semble même qu'en Normandie il y ait eu plus d'aisance [6].

A ne regarder que la condition légale, il est bien vrai que les

---

(1) *Anciens Evêchés*, t. III, Prolég., pp. CXIX et sqq. et t. IV, pp. 351 et sqq.

(2) *Cart. de Redon*, p. 261; *Cart. de Saint-Melaine*, passim.

(3) En 1318, sur le territoire de Verne, près de Rennes « fuerunt et de novo sunt plantate, facte et edifficate vinee » (*Cart. de Saint-Melaine*, f° 139 v°).

(4) En 1429, on voit des marchands de vin acheter « grant numbre de vins bretons dudit lieu de Rennes et des parties pour les mener ausd. lieux de Vitré et de Foulgères... » (*Mandements de Jean V*, n° 1861, loc. cit., t. VI, pp. 258-59).

(5) Cf. *Anciens Evêchés*, t. III, Prolég., pp. CIV et sqq. — Pour tout ce qui précède, voy. A. de la Borderie, *Le commerce et la féodalité en Bretagne*, dans la *Revue de Bretagne et de Vendée*, an. 1859 (t. I, pp. 343-63 et 435-55).

(6) Voy. Léopold Delisle, *Études sur la condition de la classe agricole en Normandie*, Paris, 1851.

charges personnelles du tenancier sont moins dures qu'ailleurs ; mais les droits, qui pèsent sur les terres roturières, sont tout aussi nombreux que dans la France de l'est ou du centre. L'exploitation seigneuriale est, sans doute, moins arbitraire, mais elle s'étend aussi impitoyablement à tous les organes de la vie domaniale : la justice elle-même n'est qu'un instrument fiscal. Le mode d'exploitation domaniale est en Bretagne ce qu'il est en Bourgogne, en Champagne ou dans le domaine royal : voilà le fait important. — Il nous reste maintenant à voir comment, dans notre province, se sont transformées les classes rurales, en quoi ont consisté leurs progrès.

CINQUIÈME PARTIE

LES PROGRÈS DES CLASSES RURALES

CHAPITRE PREMIER

LES CAUSES DÉTERMINANTES DE CES PROGRÈS

Bien que, dès le XIII⁰ siècle, la condition des paysans semble fixée dans ses traits essentiels, et qu'elle soit destinée à conserver jusqu'à la fin de l'ancien régime les caractères généraux que nous avons tenté de décrire, il n'en est pas moins certain que cette condition s'est modifiée au moins superficiellement et qu'il y a eu dans l'état social des classes rurales des transformations, des progrès réels.

Recherchons, tout d'abord, les causes de ces transformations. Voici l'une des plus apparentes : nous avons déjà remarqué que les droits seigneuriaux deviennent de plus en plus *réels*, qu'ils pèsent de moins en moins sur la personne des tenanciers et qu'ils n'atteignent plus guère que la terre. On voit des nobles ou des abbayes qui acquittent le cens comme des non nobles[1]; d'autre part, des roturiers, de simples bourgeois jouissent de rentes censives[2]. La plupart des autres redevances ne grèvent plus que la terre et en frappent le possesseur, quel qu'il soit :

---

[1] En 1254, il est décidé que les moines de Saint-Aubin paieront à Guillaume d'Yvias, pour des terres qu'ils possèdent sur son fief, 4 deniers pour la gîte : « Item tenentur dicti monachi solvere dicto Guillelmo vel suis heredibus annuatim, pro censibus terrarum quas possident in feodo suo, duos solidos et IX denarios ad festum Omnium Sanctorum » (*Anciens Evêchés*, t. III, p. 120).

[2] En 1269, Etienne Bremer, bourgeois de Rennes, vend à Saint-Melaine 14 quartiers de froment qu'il perçoit annuellement sur la terre appelée Champ-Escouble (*Cart. de Saint-Melaine*, f⁰ 22).

il arrive même que des vassaux nobles doivent de véritables
corvées à leur suzerain, lorsque les domaines qu'ils détiennent
sont soumis à ces services seigneuriaux [1].

On l'a vu, le seigneur n'est, en réalité, qu'un propriétaire qui,
de ses domaines, s'efforce de tirer des rentes fixes et assurées.
De très bonne heure, les documents nous mentionnent des rentes,
qui sont constituées sur tel ou tel domaine [2]. Lorsqu'une propriété est vendue ou cédée, très souvent l'acquéreur est tenu
d'abandonner une partie de ses revenus annuels à d'anciens
rentiers : Guillaume Maingodi donne à Saint-Melaine sa vigne
du Breuil; mais les tenanciers de cette vigne seront tenus de
fournir à Guillaume une rente censive de deux sous, sur lesquels
9 deniers seulement reviendront à l'abbaye [3]. Veut-on faire une
donation à un établissement religieux : bien souvent, ce n'est pas
le territoire même qu'on abandonne, mais les revenus du domaine
en nature ou en argent [4].

L'accroissement de la richesse et les progrès économiques, qui
marquent les derniers siècles du Moyen-Age, ont contribué
à donner à l'institution de la rente le caractère qu'elle conservera désormais. Par un besoin naturel de simplification, on tend
à se représenter la fortune et à la relater dans les actes, non plus
tant par la description des domaines réels que par l'évaluation de
la rente, qui en marque les revenus [5]. Si, à la même époque,

(1) Voy. *Cart. de Saint-Georges*, pp. 357 et 373.

(2) En 1301, Roland Bourrel, écuyer, et sa femme vendent à Guy de Laval
40 livres de rente, que le père de celui-ci leur avait données comme présent de
mariage « et assigné icelles dictes quarante libres de rente en certains lieux,
c'est assavoir sur la disme de saint Nerne et partie sur la foresterie du Pretre
et quatre libres sur le Pont Billon... » (*Cart. de la baronnie de Vitré*, p. 56).
Parfois même, on n'indique pas d'une façon précise les revenus qui doivent
produire la rente : en 1268, Jean Lemelle donne à Saint-Melaine 10 sous de
rente « percipiendos et habendos singulis annis ad assumpcionem Beate Marie
Virginis super omnibus feodis suis, quos idem Johannes tenet et possidet in
dominio abbatie Sancti Melanii. » (*Cart. de Saint-Melaine*, f° 232).

(3) *Ibid.*, f° 20 r°; cf. *ibid.*, f° 25 v° et 26.

(4) *Ibid.*, f° 22.

(5) Ainsi, dans les contrats de mariage, on énumère les biens en livres de
rente : voyez, par exemple, le contrat de mariage de Guy de Laval et d'Isabeau

les redevances en argent deviennent plus nombreuses que les redevances en nature, c'est encore pour une raison de commodité pratique.

Considérons que, grâce à ces transformations, le paysan doit surtout à son seigneur des rentes fixes et en numéraire; ces rentes sont souvent très nombreuses et très lourdes, mais elles marquent de moins en moins la sujétion personnelle de tenancier à maître. Voilà donc une première cause de l'émancipation des classes rurales.

Un autre phénomène contribue à affaiblir la domination seigneuriale : c'est le morcellement de la propriété. Dès le XII° siècle, nous voyons des domaines, qui appartiennent à plusieurs propriétaires [1]. En Bretagne, comme dans d'autres contrées, se multiplient les traités de *pariage* entre seigneurs ecclésiastiques et seigneurs laïques : le laïque reçoit la moitié du domaine, à la condition de défendre contre toute attaque la terre ecclésiastique [2]. Les deux propriétaires se partagent les revenus, administrent en commun le domaine [3]. Qu'il y ait pariage ou non, la juridiction d'un territoire se trouve souvent partagée entre deux seigneurs : on l'a vu plus haut [4]. — Même lorsqu'il n'existe qu'un seul propriétaire du fonds, il arrive que telle ou telle redevance appartienne à un autre personnage qui, de la

de Craon, en 1386 (*Cart. de la baronnie de Vitré*, pp. 121-23); même observation en ce qui regarde les constitutions d'apanages (*ibid.*, pp. 136 et sqq.). — En faveur des abbayes, on crée aussi des rentes perpétuelles, que l'on n'évalue qu'en numéraire; ainsi, en 1293, Galleran de Châteaugiron achète plusieurs domaines à la maison du Temple, moyennant une rente perpétuelle de 10 livres (*Anciens Évêchés*, t. VI, p. 206).

(1) Voy. *Cart. de Redon*, pp. 392 et sqq., Appendice, n°° LXX, LXXI, LXXII. — Cf. *Cart. du Morbihan*, n°° 400 et sqq.

(2) Voy. la convention conclue entre l'abbesse de Saint-Georges et un chevalier nommé Hoiria, vers 1060 (*Cart. de Saint-Georges*, p. 129).

(3) Le duc de Bretagne et les moines de Sainte-Croix, au XIII° siècle, se partagent les revenus de la ville de Quimperlé (*Arch. de la Loire-Inférieure*, E 79, f° 15 et sqq.). Voy. un partage analogue dans le village de Kaer (*ibid.*, f° 3 v° et 4 : acte de 1237).

(4) Voy. un acte de 1323, dans le *Cart. de Saint-Georges*, p. 259.

sorte, participe en un sens à l'autorité seigneuriale[1]. Souvent aussi, sur un même fief, deux seigneurs se partagent la possession des habitants, ou bien les paysans dépendent à la fois de deux maîtres[2].

Quand l'autorité domaniale se partage, elle s'affaiblit; les liens personnels entre seigneur et sujets tendent à se relâcher. D'ailleurs, par l'effet même du morcellement, grâce aux hasards des héritages et des mutations, bien des domaines ne se composent plus que de tenures dispersées : le propriétaire doit alors compter avec chaque tenancier ; l'exploitation seigneuriale devient singulièrement plus difficile[3].

Nous savons que, dans toutes les régions françaises, les seigneurs s'efforcent d'attirer sur leurs terres les tenanciers de domaines voisins, qu'ils casent comme hôtes sur des parcelles encore incultes. Cette pratique existe aussi en Bretagne, et dès les premiers siècles du Moyen-Age[4]. Il y a là un danger sérieux pour l'autorité domaniale : dès le XIe siècle, Robert de Vitré interdit aux moines de Sainte-Croix de recevoir ses hommes sur leurs terres, sans son autorisation[5]; Guillaume de la Guerche,

---

(1) En 1283, Gervaise de Dinan abandonne à Saint-Magloire de Lehon, 3 livres, 15 sous qu'elle percevait sur les hommes de l'abbaye (*Anciens Evêchés*, t. IV, p. 367).

(2) En 1286, Saint-Melaine reçoit du seigneur de Châteauvérant 30 livres de rente, assignées sur la taille de Baym : « Et si contingat quod detentatores seu possessores dictorum feodorum super quibus et a quibus dicta tallia debetur vel successores eorum dictas triginta libras terminis supradictis non solverint vel aliquid impedimentum apposuerint per que dicti religiosi non possent libere et quiete levare dictas triginta libras annui redditus, prout superius est expressum, dicti religiosi poterant per se vel per alios de mandato ipsorum justiciare, cohercere dictos detentatores et possessores usque ad satisfactionem plenariam de triginta libris una cum emenda, si in solutione defecerint vel aliquid impedimentum apposuerint vel apponi facerint tantummodo... » (*Cart. de Saint-Melaine*, f° 131 r° et sqq.).

(3) Voy. l'aveu fait, en 1406, par Guillaume Brehaust au duc de Bretagne pour le domaine de Saint-Malo, près de Ploermel (Arch. de la Loire-Inférieure, E 146).

(4) Déjà en 874, l'abbaye de Redon essaie d'attirer sur ses domaines les colons du machtiern Graduuoret (*Cart. de Redon*, p. 210).

(5) « Consuetudinarios meos monachi non recipiant in burgo suo nisi per licentiam meam. » (Dom Morice, *Preuves*, t. I, col. 424).

en 1206, impose une condition analogue à la collégiale de la
Guerche[1] ; le vicomte de Rohan, en 1291, reproche au duc de
Bretagne d'attirer sur ses domaines des hommes taillables, qui
lui appartiennent en toute propriété[2].

Les migrations de paysans deviennent si fréquentes que parfois les seigneurs concluent entre eux des traités d'*entrecours*:
ils s'engagent réciproquement à ne pas inquiéter leurs tenanciers
qui quitteront leur domaine pour aller résider sur le domaine
voisin : qu'il nous suffise de citer les conventions d'entrecours,
que signent, en 1170, Roland de Dinan et l'abbaye de Beaulieu[3], que reconnaissent, en 1206, l'évêque et le vicomte de
Nantes[4].

Il est bien évident qu'un tenancier, qui quitte le domaine, sur
lequel il est né, pour un domaine étranger, et qui, par ce fait
même, a répondu aux avances d'un seigneur voisin, s'efforce
d'obtenir de son nouveau maître des conditions meilleures :
il devient plus libre, plus indépendant, il commence à secouer
le joug de l'autorité domaniale.

Au Moyen-Age, les créations de villes neuves ont eu partout
pour effet de hâter l'émancipation des classes rurales. Mais les
villes neuves sont très rares en Bretagne : en 1225, le duc Pierre
Mauclerc fonde, dans la forêt de Rennes, Saint-Aubin-du-Cormier ;
il affranchit les habitants de toutes les coutumes, de la taille, de
la chevauchée, ne les astreignant qu'à une redevance fixe et
modérée ; il impose seulement aux nouveaux colons l'obligation

---

(1) « In domibus autem ipsorum homines meos contra me non poterunt
retinere, nec res eorum, nec etiam servientes feudos meos tenentes, vel conjuga-
gatos in terra mea contra voluntatem meam habere poterunt cum ipsis commo-
rantes. » (*Ibid.*, col. 804 et sqq.). Alain Gifart, en 1218, permet à saint Melaine
de recevoir des hôtes sur le domaine qui est voisin de son fief (*Cart. de Saint-
Melaine*, f°s 115 v°-116 r°).

(2) Voy. Dom Morice, *Preuves*, t. I, col. 1096.

(3) «... Volo etiam et concedo quod ipsi habeant et recipiant de hominibus
meis ad suam terram hospitandam, et quod conventionem hanc in terra et mercatis meis prout homines mei habent... » (*Ibid.*, col. 663, et Dom Lobineau,
Preuves, col. 142).

(4) Dom Morice, col. 808.

de défricher une partie de la forêt[1]; le même prince crée aussi
la ville du Gâvre, dans le comté de Nantes[2]; la duchesse
Constance donne à Notre-Dame d'Aurai un domaine, sur lequel
le couvent pourra établir une ville nouvelle et y recevoir des colons
étrangers[3]. Mais ces cas sont tout à fait exceptionnels; et il
n'est pas sans intérêt de remarquer que ces établissements sont
dus à l'initiative de princes d'origine étrangère, qui ont intro-
duit en Bretagne des institutions inconnues jusqu'alors dans le
duché.

Il est vrai que, pendant de longs siècles, de nombreux défrichements ont été opérés dans tout le pays, que des *hôtes* ont été
appelés sur les nouvelles cultures; ces colons étaient beaucoup
plus indépendants que les sujets des anciens domaines, mais, en
général, ils vivaient loin les uns des autres sur des tenures
isolées. D'ailleurs, dans toute la Bretagne, il y a peu d'agglomérations; les hommes d'un même domaine n'ont guère d'intérêts
communs, si ce n'est parfois l'obligation de fournir à leur
seigneur des redevances collectives[4]. Pendant longtemps, il n'y
a pas eu de véritable communauté rurale; l'instinct de sociabilité
n'a pu se développer aisément, et la vie politique, dans les cam-

---

(1) « Ad universorum notitiam volumus pervenire quod nos omnibus hominibus
manentibus apud Sanctum Albinum quoddam castrum novum situm in foresta
nostra Rhedonensi concedimus et hac presenti carta confirmamus quod ipsi
omnem libertatem habeant, et quod ipsi de tallia et calvachis et omni consuetudine et exactione liberi sint et immunes in hanc modum, quod unusquisque
qui in loco prenominato manserit, nobis et heredibus nostris annuatim in
Natali Domino V solidos usualis monete pro mansione sua reddere teneatur
censuales, excepto tamen hoc quod quotiescumque nobis necesse fuerit, nobis-
cum ibunt in exercita nostro. » (Dom Morice, *Preuves*, t. I, col. 854).

(2) A. de la Borderie, *Nouveau Recueil des actes inédits*, n° XVII, loc. cit.,
t. XXI, pp. 149 et sqq.

(3) La duchesse a donné à Notre-Dame « pratum suam de Alreio, quod vocatur pratum Comitis, ad faciendum quandam villam ad opus abbatisse et conventus Sancti Sulpicii Redonensis diocesis, et concessit ipsis monialibus quod
reciperent omnes homines qui venirent in eodem prato mansionem suam
facere, exceptis hominibus suis qui ad ipsam et ad heredes suos spectent... »
(*Actes inédits des ducs*, n° CXVIII, loc. cit., t. XIX, p. 165).

(4) Voy. l'Appendice, p. 119 : « Mansionarii dicte ville debent ratione anniversarii thesaurarii Pichardi XXIX sol. » Cf. *ibid.*, p. 122.

pagnes, paraît encore moins intense que dans des régions, où les
classes rurales ont été, jusqu'au XIII° siècle, uniformément
condamnées à un dur servage.

En Bretagne, comme dans d'autres pays, les progrès d'un
pouvoir supérieur ont contribué puissamment à l'émancipation
des paysans. Le duc de Bretagne agit dans son duché comme le
roi de France dans son royaume. Dès le XIII° siècle, il se montre
jaloux de son autorité de suzerain, et, par tous les procédés, bons
ou mauvais, il empiète sur les droits de ses vassaux[1]. Au
XIV° et au XV° siècles, nous le voyons exercer un droit de
police supérieur dans tout le duché; c'est lui qui règle, même
sur les domaines de ses vassaux, toutes les questions relatives
aux foires et aux marchés[2]; dans toute l'étendue de son Etat,
il convoque le ban et l'arrière-ban; sur les domaines des Rohan,
des Chateaubriant, comme sur ses propres terres, il lève les
fouages[3]; les fouages ne sont plus des redevances seigneuriales,
mais de véritables impôts, au sens moderne du mot, dont le
monopole appartient au duc seul, et qui ne diffèrent guère de la
taille levée par le roi de France[4]. — Le fouage retombe, il est
vrai, sur les paysans, il se surajoute aux taxes seigneu-

(1) Voy. l'enquête de 1235 pour les barons de Bretagne contre le duc Pierre
de Dreux (*Nouveau recueil d'actes inédits*, n° III, loc. cit., t. XXI, pp. 97 et
sqq.).
(2) En 1407, Jean V autorise le vicomte de Rohan à transférer à d'autres jours
de la semaine les foires qui se tenaient le dimanche sur ses fiefs. (*Mandements de
Jean V*, n° 968, loc. cit., p. 91). Il avait ordonné que, dans tout le duché, aucune
foire ne se tint le dimanche (*Ibid.*, n°° 268 et 275, t. IV, pp. 90 et 92).
(3) *Ibid.*, n°° 18 et 264 (t. IV, pp. 11 et 89), n° 179 (*ibid.*, p. 72).
(4) Voy. une lettre de Raoul, sire de Montfort, datée de 1409 : « Comme les
procureurs et officiers de monseigneur le duc nous aint acuses et poursuis par
les cours de mondit seigneur, disant que par maniere dimpost sans congié et
licensse de mondit seigneur nous avions levé et fait lever chevance et pecune
sur nos subges, quelle chose disoint que ne pouyons ne devions faire..., et de
ce que nous en avions fait le devions amander, randre et restituer ce que levé
en avions, nous savens et acertenes que ne le pouons ne devons faire et auxi
nen avons rens fait. » (Arch. de la Loire-Inférieure, E. 148). Déjà, en 1385, le
duc Jean défend aux seigneurs et barons de lever des impôts sur le peuple
(Planiol, *op. cit.*, Catalogue, n° 27, p. 356).

riales[1], mais d'autre part, des relations s'établissent entre les tenanciers de tous les domaines et l'autorité du souverain. Les vilains commencent à jouer un rôle dans l'Etat : ils figurent dans l'armée ducale; l'armement et l'équipement des « gens du commun » sont fournis par les paroisses. Les fouages sont répartis aussi par paroisses[2]. Voilà donc des intérêts communs qui commencent à grouper les habitants des campagnes, et ainsi prennent naissance les communautés rurales, qui initieront peu peu les paysans à la vie politique.

CHAPITRE II

LA DISPARITION DU SERVAGE

Dans presque toute l'ancienne France, les progrès des classes rurales au Moyen-Age se manifestent par l'affranchissement des serfs, qui devient, au XIIIe siècle, un phénomène général. En Bretagne, la disparition du servage n'est qu'un fait sans importance, puisque, dès le Xe siècle, la plupart des paysans se sont déjà élevés au vilainage. On comprend aisément que les actes d'affranchissement, si nombreux partout ailleurs, soient très rares dans le duché; s'il en existe quelques spécimens, qui ne reconnaîtrait qu'ils visent moins l'affranchissement personnel que l'exemption de droits, qui précisément caractérisent le vilainage[3]?

---

(1) Le fouage est une charge assez lourde : dès le XVe siècle, il dépasse 20 sous par feu (*Mandements de Jean V*, n°s 264 et 573, t. IV, p. 89 et, t. V, p. 30).

(2) Voy. l'ordonnance de 1425 pour « l'armement des gens du commun » : les hommes, qui suivront le ban du duc recevront leur habillement et leurs armes « quelz les fabriqeurs de chascune parrosse seront tenus faire querir aux despans d'icelle. » (*Ibid.*, n° 1622, t. VI, p. 150).

(3) Voy. un acte de 1236. « Noveritis quod nos Gervasia, domina Dinanni, quitavimus per totam terram nostram Guillelmum filium Radulphi de Bloben et Johannam uxorem ejusdem Guillelmi et heredes eorum ab omni exactione et tallia, costumis, botellagio, forciagio; et libertatem eidem Guillelmo et Johanne uxori ejus et heredibus eorum, ex bona voluntate, per totam terram nostram dedimus omnino sine contradictione; et omnes res eorum similiter franchivimus, et libertatem per totam terram nostram benigne concessimus. » (Chartes de Saint-Aubin, dans les *Anciens Diocèses*, t. III, p. 61).

Toutefois, on l'a vu, dans certaines régions, il subsistait des serfs ou, du moins, des personnes soumises à une condition semi-servile. Chose curieuse, ce servage, si peu répandu, semble avoir persisté plus longtemps en Bretagne que dans les pays où il a eu un développement très général : au XVe siècle, dans le Léon et en Cornouaille, un certain nombre de paysans sont encore soumis à la mainmorte et à la taille arbitraire.

C'est à cette époque seulement que le servage tend à disparaître tout à fait. L'affranchissement des serfs est favorisé par un droit significatif, que nous retrouvons ailleurs sous le nom de *droit de désaveu*. Dès le XIIIe siècle, les mottiers peuvent dépouiller leur condition, devenir *personnaulx au duc*, à la condition de séjourner pendant un an et un jour à Lesneven, de payer 12 deniers par tête et d'abandonner, à leur mort, tous leurs biens meubles ; cet acte, c'est ce qu'on appelle « bannir au couvenant franc au Duc. » En 1486, le duc de Bretagne affranchit tous les serfs qui peuvent encore résider sur ses domaines et, partout, le droit de motte ne tarde pas à disparaître, ou du moins à s'atténuer[1]. Cependant la quevaise, qui est visiblement une demi-servitude, s'est maintenue, dans certaines seigneuries, sinon en droit, au moins en fait jusqu'au XVIIe siècle[2] ; elle ne s'est transformée que peu à peu en censive ou en domaine congéable.

Les véritables progrès des classes rurales sont donc plus délicats à saisir en Bretagne que dans d'autres contrées. Il y a eu, dans la condition des paysans, transformation continue, mais à peine sensible, depuis les débuts de la féodalité jusqu'aux temps modernes. Cette lente évolution a eu pour résultat de créer des situations intermédiaires entre le tenancier vilain et le vassal noble, et de combler ainsi peu à peu l'abîme qui séparait le paysan cultivateur du gentilhomme propriétaire.

(1) Cf. A. de la Borderie, *Mémoire sur le servage en Bretagne*, loc. cit., p. 112.
(2) Les lettres patentes de Henri III, qui, en 1575, abolissent la quevaise au Relec, ne sont pas mises à exécution avant 1660 (Hardouin, *L'abolition de la quevaise au Relec*).

CHAPITRE III

LES SITUATIONS INTERMÉDIAIRES. — LE DOMAINE CONGÉABLE

Le domaine congéable est un mode de tenure qu'on ne trouve guère qu'en Bretagne, mais qui, dans la région celtique, est très répandu et semble même prédominant, sinon au Moyen-Âge, du moins dans les derniers siècles de l'ancien régime[1].

Le domaine congéable assigne au paysan une situation tout à fait originale. Le seigneur est propriétaire du fonds, mais le domanier a la pleine propriété des superfices, c'est-à-dire des maisons d'habitation, des granges, des murs, des fossés, des arbres fruitiers, des engrais qui se trouvent sur sa tenure[2]. Le tenancier, qui a des enfants, peut même vendre les édifices de son domaine, sans payer de droits de mutation[3]; il n'est soumis aux lods et ventes, que dans le pays de Rohan[4].

D'autre part, le seigneur peut congédier le domanier quand bon lui semble, à l'expiration d'une baillée de six ans[5], à moins que le colon n'ait obtenu du propriétaire une assurance de neuf ans, ce qui devient assez fréquent aux XVIIe et XVIIIe siècles[6]. Le seigneur est seulement astreint à rembourser à son tenancier le prix des édifices et superfices[7]. Ainsi, en 1574, le prieur de

(1) Dans le pays de Rohan, le domaine congéable est presque le seul mode de tenure usité (Le Guevel, *Commentaires sur l'usement de Rohan*); au XVIIIe siècle, la plupart des tenures de Saint-Sauveur de Guingamp sont des domaines congéables : cf. Arch. d'Ille-et-Vilaine, 1 H 25, *Fonds de Saint-Melaine*, prieuré de Saint-Sauveur de Guingamp.

(2) *Usement de Rohan*, art. I, dans Le Guevel, *ibid.*, pp. 1 et sqq.

(3) *Ibid.*, art. XXVIII (Le Guevel, pp. 202 et sqq.).

(4) Baudouin de Maisonblanche, *Institutions convenantières*, t. II, pp. 174 et sqq.

(5) *Usement de Rohan*, art. VIII (Le Guevel, pp. 83 et sqq.).

(6) Girard, *Traité des usements ruraux de la Basse-Bretagne*, pp. 85 et sqq.

(7) C'est pourquoi le domanier ne peut construire sur sa tenure de nouveaux bâtiments, sans la permission du seigneur; celui-ci ne veut pas accroître ses frais de remboursement (*Usement de Rohan*, art. XII, ap. Le Guevel, pp. 109 et sqq.).

Saint-Sauveur de Guingamp congédie l'un de ses domaniers; il reprend les édifices, superfices et engrais, mais il lui en paie le prix, c'est-à-dire 251 livres. Toutefois, comme le tenancier a des dettes, et comme les frais sont à sa charge, le malheureux ne touche que 96 livres. En 1581, se présente un acquéreur du convenant, qui achète au prieuré la propriété des superfices[1].

Il est vrai que les congéements sont rares : les seigneurs ont intérêt à garder leurs domaniers. Ceux-ci, de leur côté, ne tiennent pas à céder le domaine qui les fait vivre. Aussi, les convenants sont-ils le plus souvent héréditaires; dans le pays de Rohan, c'est le plus jeune des fils ou, à défaut de descendant mâle, la plus jeune des filles, qui hérite de la tenure[2]. Chaque convenant forme donc comme une unité de propriété, qui se conserve à travers les siècles[3].

Les convenants sont d'étendue et d'importance très différentes; dans la même région, un convenant ne comprend que deux journaux de terre[4], un convenant voisin contient quatre pièces de terre et un pré[5]. Le domanier, pour entrer en possession de la tenure, paie au propriétaire une certaine somme, qui varie suivant l'importance et la valeur du convenant; à chaque renou-

---

(1) Cf. Arch. d'Ille-et-Vilaine, 1 H. 25, *Fonds de Saint-Melaine*. La baillée de 1581, dit l'acte, est faite à titre de « convenant et domaine congeable... à l'usement de l'evesché de Treguier, quy est tel que lorsqu'il plaict au seigneur foncier congeer son homme convenancier et luy faire delaisser sa terre, il le peut, le recompensant de ses droits convenanciers. »

(2) *Usement de Rohan*, art. XVII et sqq., *ap.* Le Guevel, pp. 132 et sqq.

(3) En 1590, le prieuré de Saint-Sauveur de Guingamp baille à Guillaume le Bouy le convenant de Le Brizec; en 1714, le même convenant appartient à un Landois; en 1756, il appartient encore à la famille Landois (Arch. d'Ille-et-Vilaine, 1 H. 25, *Fonds de Saint-Melaine*, prieuré de Saint-Sauveur de Guingamp).

(4) En 1453, le prieur de Saint-Sauveur cède à Jamin Geffret, à titre convenancier, une pièce de terre de 2 journaux, touchant à « ung parc de terre appartenant audit Jamin... pour en joir ledit Jamin e ses hoirs, lever, user, espleter et en faire ou temps a venir toute sa volenté pleine comme de son héritage..., à la condition de payer au prieur de Saint-Sauveur quatre quartiers de froment comble mesure dudit lieu de Guingamp de rente et un chapon... » (*Ibid.*).

(5) Telle est la contenance du convenant de Le Brizec. — Un autre convenant, vendu en 1470 pour la somme de 30 livres, contient plusieurs pièces de terre d'une étendue considérable (*ibid.*).

vellement de baillée, il est encore obligé de donner au seigneur
une nouvelle somme, souvent considérable[1].

Le domanier, comme tout tenancier, acquitte des rentes
annuelles en nature et en argent. En 1453, Jamin Geffret doit,
pour 2 journaux de terre, quatre quartiers de froment[2]; en
1470, un convenant, appartenant à Saint-Sauveur de Guingamp,
rapporte, chaque année, au prieur 7 quartiers de froment,
2 chapons, 26 sous[3]. Ces cens se paient à termes fixes. A chaque
baillée nouvelle, le seigneur peut en augmenter la valeur; cependant, en bien des cas, la rente annuelle, due par le domanier,
semble rester presque immuable durant des siècles[4].

Les domaines congéables, comme les tenures de vilains, sont
soumis à tous les services seigneuriaux. Les domaniers doivent
des corvées manuelles et des corvées de chevaux et de charrois;
il leur faut suivre le moulin et le four du propriétaire[5]; sur
eux, le seigneur exerce ses droits de justice comme sur ses
autres hommes[6]. Ces obligations sont considérées comme tout à
fait essentielles; ainsi, en Brouerec, ce sont les corvées qui

(1) Voy. *ibid.* et Girard, *op. cit.*, pp. 85 et sqq.
(2) Voy. l'acte cité plus haut.
(3) Le 9 mars 1470, Rolland le Sal, de la paroisse de Saint-Sauveur, et sa
femme vendent à Jean le Maler « cest assavoir touts et chacun les ediffices,
reparacions et amendements que lesdits le Sal et sa feme a cause d'elle ont et
leur apartient en ung convenant et tenement de terre du demaine du prieuré
de Sainct Saulveur près Guingamp estant au village de Kerrinalay en ladite
paroisse de Saint Saulveur et dont lesd. mariés paient chascun an audit prieur
sept quartiers froment mesure de Guingamp, vingt et seix souls mon. et deulz
chappons... » (*Actes de Saint-Sauveur de Guingamp*, loc. cit.).
(4) En 1590, le convenant de Le Brizec doit de rente annuelle un quartier
d'avoine, *quatre poussins*, 13 *sous monnaie*; en 1714, le même convenant
rapporte au propriétaire quatre boisseaux de froment, deux boisseaux d'avoine,
un boisseau de mouture; en 1756, à une nouvelle baillée, la même rente
annuelle, et en plus *quatre poulets et 13 sous monnaie*, le tout représentant une
rente de 51 livres, 6 sous, 8 deniers. — On voit donc qu'en l'espace de deux
siècles, la rente annuelle est restée sensiblement la même.
(5) *Usements de Cornouaille*, art. XI et sqq. ap. Girard, *op. cit.*, pp. 182 et
sqq., et *Usement de Rohan*, art. VII; cf. *Usement de Tréguier et de Goëllo*,
art. III, ap. Baudouin de Maisonblanche, *op. cit.*, t. I, pp. 148 et sqq.
(6) « Le seigneur a justice sur ses hommes à domaine congéable, comme sur
ses autres hommes de fief. » (*Usement de Rohan*, art. V, ap. Le Gueval, pp. 46-
47).

prouvent que la tenure affecte la forme du domaine congéable[1].

Peut-on dire, avec M. Chénon, que « ces droits seigneuriaux dénaturaient le bail à convenant, » « lui donnaient une sorte de physionomie féodale, peu en harmonie avec son caractère originaire[2]? » Ce serait méconnaître la nature véritable du régime seigneurial. Tout cultivateur, dont la terre dépend d'un propriétaire, est astreint vis-à-vis de celui-ci à certains services, qui ne sont, en réalité, que des dépendances du droit de propriété. Or, tout domanier, bien que propriétaire d'édifices et de superfices, n'est cependant, comme tel autre paysan, qu'un tenancier : il est le sujet du seigneur, qui lui laisse la jouissance de son convenant : il est bien naturel qu'il lui rende des services domaniaux.

Malheureusement, nous ne connaissons guère les domaines congéables que par des documents relativement modernes; avant le XIVe siècle, les actes ne font pas allusion à ce mode de tenure. Est-ce à dire qu'il n'existât pas au Moyen-Age? M. du Châtellier fait remarquer très justement que les propriétaires, le plus souvent, n'avaient aucune raison de consigner par écrit les contrats de convenants qu'ils concluaient avec leurs hommes[3]. — Quoi qu'il en soit, les domaines congéables existent dès le début du XIVe siècle : les documents le prouvent formellement[4].

Sur l'origine de ce mode de tenure, on ne peut rien savoir de précis. Dérive-t-il d'institutions celtiques? En faveur de cette

---

(1) « Lorsque les détenteurs roturiers payent rente par deniers, bled, avoine, chapons, poules et corvées et suivent le moulin du seigneur, ils sont censés domaniers congéables, s'ils ne prouvent le contraire par titres seulement. » (*Usances de Broerec*, art. IV, ap. Hévin, *Coutumes générales du duché de Bretagne*, p. 395).

(2) Em. Chénon, *L'Ancien droit dans le Morbihan*, p. 76.

(3) Du Châtellier, *L'Agriculture et les classes agricoles en Bretagne*, p. 35.

(4) En 1388, le seigneur de Pont-l'Abbé congédie Guillaume Lepape qui, autrefois, avait reçu un domaine congéable dans la « ville et terrouer de Kaeralanoët; » Guillaume doit avoir et aura « touts ses stas angrass et ediffices que il a fait et tient en present en ladicte ville » (*ibid.*, p. 35). — Dans un acte de 1319,

hypothèse, on invoque le droit de juveigneurie, que l'on trouve à la fois dans les usements bretons et dans les institutions galloises. Mais cette coutume a pu naître spontanément d'une nécessité pratique : il était de l'intérêt du propriétaire que la tenure ne fût point partagée, et que les premiers-nés essaimassent au loin, à une époque où le pays n'était encore qu'insuffisamment peuplé et cultivé[1]. — Un argument plus sérieux, c'est que les domaines congéables se trouvent dans les pays de langue armoricaine et ne se trouvent que là : en dehors de la Cornouaille, du diocèse de Tréguier, du Rohan et du Broerec, il n'en reste aucune trace. Nous savons, d'ailleurs, que les Bretons ont apporté de la grande île en Armorique bien des usages caractéristiques; il suffit de citer la coutume du douaire, qui, encore au XVIII° siècle, a conservé tous ses traits originels[2].

L'origine celtique du domaine congéable ne peut être qu'une pure hypothèse. Mais, d'autre part, faut-il conclure avec M. d'Espinay que « les usances locales sont autochtones, nées

il est question de plusieurs « convenants, » qui semblent bien être des domaines congéables : «... Item dou convenant de la terre qui fut Rolland de Hillion en la ville de Polech, en la ville de Polion et ès autres villes appartenans a ce, cinquante et sept souls... Item d'un convenant sur les courtils dou Boign de Hillion, trente seis souls et seis deniers... » (Dom Morice, *Preuves*, t. I, col. 1266 et sqq.). — Sur les terres du vicomte de Rohan au XV° siècle, « icelui vicomte a cinq ou six mil hommes tenans leurs heritages et tenues de lui à l'usement de la Vicomté, qui est tel que lorsqu'il plaist audit vicomte les congéer et mettre hors de ses dites terres par paiant leurs edifices qu'ils y auront fait, sont tenus lesdits hommes de vuider lesdites tenues et les delaisser audit Vicomte » (*Mémoires du vicomte de Rohan contre le comte de Laval*, chap. LXVIII, ap. Dom Morice, t. II, p. CLXVII). L'usement, auquel on fait allusion ici, doit dater d'assez loin; les domaines congéables doivent exister déjà depuis longtemps, sur les terres de Rohan.

(1) Voy. J. Loth, *Les mots latins dans les langues brittoniques*, pp. 39-40, et Henry de Villeneuve, *Du domaine congéable ou bail à convenant*, Paris, 1888 (thèse de droit), pp. 42 et sqq.

(2) Tel est, par exemple, l'usage du douaire, que les Bretons désignaient, au IX° siècle, par le nom d'*enep-uuert*, qu'ils appelaient au XI° siècle *enep-guerth* et, au XVIII°, *enebas* (d'Arbois de Jubainville, *Études sur le droit celtique*, t. I, p. 333).

au Moyen-Age sur le sol breton lui-même[1]? » Cette assertion
n'est elle-même qu'une hypothèse, qui ne repose sur aucune
preuve définitive.

Ce qui est probable, c'est que des conditions toutes locales ont
favorisé l'extension du domaine congéable. Nous avons observé
déjà que, durant le Moyen-Age, une grande partie de la
Bretagne était encore inculte, couverte de forêts et de landes. Les
seigneurs avaient intérêt à opérer le défrichement du pays : on
peut supposer qu'ils établirent sur les territoires incultes des
domaines congéables; si l'on considère la nature même du
contrat, les possesseurs de convenants devaient tenir à amé-
liorer leur tenure; et, grâce au droit de juveigneurie, les
familles essaimaient peu à peu dans l'intérieur de la Bretagne[2].

La condition des domaniers semble donc assez voisine de la
condition des hôtes; et peut-être les hôtes que, dès le XIe siècle,
nous voyons si souvent cités dans nos chartes, sont-ils déjà des
possesseurs de convenants.

On peut concevoir encore que, dans bien des cas, le domaine
congéable a pu n'être qu'une transformation de la quevaise :
Jean, vicomte de Rohan, en 1484, semble assimiler les deux
conditions[3]; et il est juste de remarquer, avec M. Loth, que

---

(1) Voy. G. d'Espinay, l'Ancien droit successoral en Basse-Bretagne (Nouvelle Revue historique du droit français et étranger, an. 1895, mai-juin, pp. 257
et sqq.).

(2) Voy. Du Châtellier, op. cit., p. 97.

(3) Le vicomte, dans une requête qu'il adresse au duc en 1484, proteste contre
la transformation des domaines congéables en afféagements, laquelle a été
opérée pendant sa minorité : « Des hommes et subjects, les aucuns appelés serfs,
et autres hommes demaniers qui tenaient dudit vicomte plusieurs et grands
domaines en grandes estendues de terres et a grand valeur et ne pouvaient
lesdits serfs estre promus a dignité presbytérale ni autre privilege clerical sans
congie expres dudit vicomte; aussi ils ni lesdits hommes demaniers n'avaient
faculté de laisser leurs tenures arides et inhabitées, en faire baillée ni cession
en autres mains estranges, à peine de les perdre et céder au profit d'icelui
vicomte; même avoir faculté, leur payant leurs fassons estants cedits tenements
habitables, de les congeoir et mettre hors es fois que li eust pleu, et icelles tenures
mettre en ses mains, et en disposer a son plaisir, et d'aucuns des tenements non
habitables ou il n'y avait hébergement, sans en rien payer, et sur ce avoit plusieurs autres privileges, prééminences et prérogatives » (Dom Morice, Preuves,
t. III, col. 440). Cf. G. d'Espinay, op. cit.

l'usement de Rohan est un compromis entre la quevaise et le domaine congéable, puisque le seigneur s'empare des biens du domanier qui meurt sans enfants[1].

Voilà donc toute une catégorie de paysans, qui, d'une part, jouissent sur une portion de leur tenure d'un plein droit de propriété, mais qui, d'autre part, non seulement sont astreints aux redevances des vilains, mais encore sont soumis à la mainmorte, qui est l'une des obligations essentielles du servage. Le domaine congéable, qui a persisté si longtemps en Bretagne, constitue pour les classes rurales une condition intermédiaire tout à fait caractéristique.

CHAPITRE IV

LES SITUATIONS INTERMÉDIAIRES : LES CENSIVES ET LES FÉAGES

Si le domaine congéable a pris une extension tout à fait remarquable dans la Bretagne celtique, le vilainage persiste dans le reste du duché, pendant tout le Moyen-Age et même dans les temps modernes. Mais la personne du cultivateur devient de plus en plus libre. Tirer de sa terre la rente la plus forte possible : telle est la préoccupation essentielle du seigneur. Il lui arrive de conclure avec des personnes de condition libre, voire même non roturière, des contrats, qui lui assurent un revenu avantageux : moyennant la promesse de cens et de rentes fixes, il leur abandonne la possession de ses terres à titre perpétuel et héréditaire, il les afféage, il les transforme en censives.

Les contrats d'afféagements sont nombreux dès le XIII° siècle. En voici un qui paraît assez typique : en 1294, Jean Noël, son frère et leurs gendres « prirent à féage perpétuel » de l'abbaye de Saint-Georges une pièce de vignes sur la paroisse d'Acigné ;

(1) *Usement de Rohan*, art. III (Le Gueval, pp. 12 et sqq.). Cf. J. Loth, *Les mots latins*, pp. 39-40.

ils promettent à l'abbesse deux « querns » de froment à la foire
saint Melaine, et 25 sous de surcens à payer en deux termes ; ils
s'engagent à tenir « ladite vigne en bon estat et covenable ; »
comme garantie, ils obligent tous leurs biens et notamment une
pièce de vignes, contiguë à celle de l'abbaye, qui leur appartient
en propre [1]. Vers la même époque, Raginald et Laurent de la
Haie reçoivent de Saint-Melaine, à titre de féage perpétuel, une
terre arable, pour laquelle ils doivent acquitter, chaque année,
30 sous de fouage, payables en deux termes. Ils s'obligent encore
à élever une maison sur le domaine et à y faire résidence [2].

Le plus souvent les féagers ne peuvent céder leur tenure qu'à
un sujet de leur seigneur, qui ne soit ni d'une condition supérieure, ni d'une condition inférieure à celle qu'ils occupent eux-
mêmes : au début du XIV⁰ siècle, Hervé et ses frères reçoivent
des biens en féage du prieur de l'île de Batz: en aucune façon,
ils ne pourront rien céder de ce féage aux hommes taillables de
l'évêque de Léon, parce que ceux-ci se trouvent soumis à une
condition servile [3]. — Il est donc évident que les féagers occupent
une situation intermédiaire, tout à fait originale : ils s'élèvent
au-dessus des vilains, sans cependant atteindre la situation supé-

(1) *Cart. de Saint-Georges*, p. 249.
(2) Voy. *Cart. de Saint-Melaine*, f⁰ 130 v⁰ (acte de 1272) : « Raginaldus et
Laurencius de Haia, fratres, « recognoverunt se recepisse a religiosis viris, abbate
et conventu monasterii Sancti Melanii Redonensis in perpetuam teneuram et
feudagium quandam terram arabilem cum pratis et clausis eidem terre perti-
nentibus sitam in parrochia de Vignoc et in parrochia de Maceria apud hospi-
talariam eisdem Raginaldo Laurencio et eorum heredibus perpetuo habendam,
possidendam et tenendam, reddendo annuatim dictis religiosis nomine dicti
feudagii triginta solidos monete currentis... Tenentur insuper reddere annuatim
redevancias et alia servicia que de premissis debentur, et ipsos religiosos et
eorum monasterium indempnes servare... »
(3) *Ibid.*, f⁰ 88 (acte de 1323) : « ... Et per hanc tradicionem non poterunt
dicti superius nominati, aliquis ipsorum nec eorum heredes de dictis terris aut
in ipsis aliquid dare aut assignare per matrimonium nec alias cuiquam de hominibus de taillagiis seu de taillia dicti dominii episcopi Leonensis. Ita quod non
poterunt in futurum res predictas vendere, alienare aut in forciorem personam
transferre non poterunt nisi homini ligio dictorum religiosorum qui minoris aut
similis conditionis existat sine assensu et voluntate dictorum religiosorum super
hoc requisito et obtento. » On trouve une clause analogue dans l'acte cité ci-dessus
(f⁰ 130 v⁰).

rieure des fieffés de classe noble. Leur personne est libre, mais ils sont soumis aux cens et surcens[1], aux dîmes[2], aux services seigneuriaux[3].

Ce mode de tenure devient surtout fréquent vers la fin du XIII° siècle. Et l'on s'explique fort bien comment il a pu se propager : le seigneur, en constituant des féages, s'assure une rente perpétuelle fixe, garantie par des biens meubles et immeubles; car, si le féager ne peut payer la rente à laquelle il s'est engagé, ces biens en répondront[4]. Considérons encore que, pendant tout le Moyen-Age, en dépit de tous les efforts des propriétaires, beaucoup de terres restent incultes ou mal cultivées : pour les mettre en valeur, bien souvent le seigneur les transforme en censives : en 1405, le duc Jean V ordonne à ses officiers d' « accenser » plusieurs de ses domaines du territoire d'Auray qui restent en

(1) En 1294, Jamet du Pré et sa femme promettent de donner à Saint-Melaine une mesure de froment et cinq sous de surcens annuel, à acquitter le jour de la Toussaint, pour une maison et une vigne, qu'ils tiennent de l'abbaye : « ... Que premissa dicti religiosi eisdem conjugibus tradiderunt et concesserunt habenda, tenenda, possidenda in purum et perpetuum feodagium ad voluntatem suam tanquam jure hereditario plenarie faciendam ac eorum heredibus. » (*Cart. de Saint-Melaine*, f° 36).

(2) En 1296, Jean Aoustin promet à Saint-Melaine 12 sous de rente annuelle « pro feodagio eidem Johanni facto a dictis religiosis, necnon et annuatim decimas ab antiquo consuetas segetum crescentium in feodagio predicto. » (*Ibid.*, f° 80 v°).

(3) En 1330, Jamet le Bret « prent a feu e a heritage pour luy e les seins » une vigne, sise en Sévignac, qui appartient aux moines : « Et se il avenait que ledit Jamet ou aucun de ses effans ne feissent estance e magnance oudit clos le terme de ses ans passé après la date de ces leitres, si autres teneynt pour fere lad. estance et megnance e lour en obeir e aler a lour moulin, led. Jamet e les seins sunt tenuts de lessier led. clos sens nul debat si ils ne vouleynt fournir et accomplir les chosses dessus dites... » (*Anciens Eveschés*, t. III, p. 599).

(4) Jean Noel, son frère et leurs gendres qui, on l'a vu, reçoivent un féage de l'abbesse de Saint-Georges, en 1294, s'engagent à lui payer une rente annuelle. L'acte ajoute : « E terdront ladite vigne en bon estat et covenable, e por totes ces chosses tenir, rendre e acomplir, iceux freres e lors gendres et les fames a iceux gendres, chascun de eux le tot por le tot, obligerent eux e lors heirs asdites religiouses, e tous lors biens mobles et immobles, presens et futurs, en quelque leu que issent, et especiaument une piece de vigne..., qui est joignante à la vigne desus dite que ils ont priis desdites religiouses..., e la Chesnaye o ses apartenances, e dous clos de repuce de terre arable, e le champ de la Fosse o totes les apartenances des chosses desus dites siess en la paroisse dite sous la signorie desdites religiouses. » (*Cart. de Saint-Georges*, p. 349).

friche; il leur recommande même de mettre ces censives aux
enchères[1].

Le féage semble présenter plus d'avantage au propriétaire que
la tenure vilaine ou même que le fermage : les moulins sont le
plus souvent tenus par des fermiers; cependant, parfois, on en
afféage, moyennant des rentes annuelles en nature et en argent :
le seigneur, par contrat, s'engage à faire venir au moulin tous
ses hommes, tous ses sujets, qui se trouvent dans la banlieue de
ce moulin[2].

Bien que le féager soit souvent un tout autre personnage que
le vilain, bien qu'il semble, en quelque sorte, côtoyer la classe
noble, les féages cependant se distinguent très nettement des fiefs :
le féager peut perdre ses droits de possession, s'il ne cultive pas
ou s'il laisse dépérir la censive[3]; le fieffé ne subit jamais ces
dures conditions. Les fiefs ne doivent que l'hommage et le rachat;
les féages sont soumis aux droits seigneuriaux[4].

---

(1) Voy. la commission donnée aux officiers d'Auray par Jean V : « Comme
plusieurs et grant quantité de nos terres et heritages, estant en nostre terrouer
d'Auray, soint a present frost et de nulle valeur, par deffault de les bailler et
accenser, quelle chose a esté de long temps et enquores est de grant dommage
et prejudice de nous et diminucion de nos rentes et heritages, » il ordonne à ses
officiers de les « bailler et accenser a celui, ceulx ou l'un d'eulx qui plus en
vouldront bailler et offrir... » (*Mandements de Jean V*, n° 80, *loc. cit.*, t. IV,
p. 44). — Au XVI° siècle, nombre de féages nouveaux sont établis sur des terres
incultes : voy., par exemple, Arch. dép. d'Ille-et-Vilaine, série E, *fonds du
marquisat de Saint-Brice*, cahier d'afféagements de 1555.

(2) Guy, seigneur de Vitré, en 1239, afféage, moyennant 10 livres tournois, son
moulin de Heyrant, à Johannot et à Gilet, clercs, et à leurs hoirs ; ils lui don-
neront, chaque année, 10 quartiers de seigle et 6 deniers tourn. de cens. — Guy
de Vitré s'engage à faire venir au moulin tous ses « hommes estagiers » qui
habitent « la hanleue doudit moulin, tant en nos fiez comme en nos reresfiez. »
(*Cart. de la baronnie de Vitré*, pp. 41 et sqq.).

(3) Voy. le texte cité plus haut (*Anciens Évêchés*, t. III, p. 299). Cf. *Mandements de Jean V*, n° 1190, *loc. cit.*, t. V, pp. 188-89 : en 1416, des terres sont
données en fief à J. Mauléon : le duc ne pourra saisir ces terres « pour non y
avoir edifflé ou par deffault de reparacion ou pour achoison d'avoir lesd. baulles
frostis ou lessé frostir depuix les avoir edifflées, vaincues ou labourées, ou pour
quelconque autre cause que ce soit, se non pour cause de rachat ou deffault de
hommage, se le cas y avient, ou de forfaiture. »

(4) En 1419, Jean V donne commission à ses officiers de « bailler et accenser
par heritage perpetuellement lesd. terres frostes [dans les pays de Nantes et de
Guérande], baulés et croyssemens, c'est assavoir lesd. baulés *noblement, à foy,
homage et à rachat*, quant le cas y eschierra, et toutes et chascune les autres
choses *roturièrement et à devoirs...* » (*Mandements de Jean V*, n° 1349, *loc. cit.*,
t. V, p. 253).

CHAPITRE V

LES SITUATIONS INTERMÉDIAIRES : LE FERMAGE ET LE MÉTAYAGE

Les documents nous montrent l'existence de fermiers perpétuels, à bail emphythéotique ; mais leur condition nous paraît à peu près identique à celle des féagers : comme eux, ils sont possesseurs héréditaires de leur tenure, et l'occupent en vertu d'un contrat ou bail, que le seigneur conclut avec eux ; ils sont soumis à des cens, à des rentes fixes qu'ils s'engagent à fournir au propriétaire[1].

Mais le fermage temporaire, tel que nous le connaissons aujourd'hui, existe aussi en Bretagne, et dès le XII° siècle. Le fermier, personnellement, est moins dépendant du propriétaire que le féager, mais il est aussi moins sûr du lendemain ; aucune garantie ne le protège ; on peut l'expulser, s'il n'acquitte pas régulièrement le prix de son fermage[2] ; il n'est pas encouragé à se donner de la peine, à faire des dépenses, des avances pour une terre dont la possession ne lui est pas assurée à perpétuité ; aussi voit-on des seigneurs qui trouvent avantage à transformer leurs fermes en censives[3].

Bien des fermes sont concédées pour une longue période,

---

(1) En 1332, Saint-Melaine reçoit en legs plusieurs terres : « ... Ille res fuerunt Johanni Plantart et Philippo Caillebotte tradite et assignate in emphiteosim seu ad supercensum utilitate dicti monasterii pensata legitime pro quadraginta solidis annui supercensus ipsi monasterio ex parte ipsorum accipiencium. » (*Cart. de Saint-Melaine*, f° 180 et suq.).

(2) Tel est le sort, en 1303, du prêtre Olivier Durant et de ses deux frères, qui n'ont pu régulièrement payer au couvent de Beauport la rente de leur fermage (*Anciens Evêchés*, t. IV, p. 218).

(3) En 1434, Jean V possède, près de Ploërmel, plusieurs terres qui ne rapportent par an « que environ cinquante ou sexante sous de ferme par chascun an, et maines aucunes fois ; lesqueulx nos heritages si ilz estoint ès mains de gens qui mettroient paine de les clorre, labourer et prouffiter en y faisant mise, pourroint mieux valoir qu'ils ne font... » Il transforme ces fermes en censives (*Mandements de Jean V*, n° 2160, loc. cit., t. VII, p. 79).

à titre viager, par exemple[1]; mais il en est dont le bail ne dépasse pas douze ans[2]. Quant aux baux de neuf ans, on n'en trouve pas de trace au Moyen-Age, et leur existence ne saurait se démontrer avec certitude qu'à une époque assez moderne[3].

Les fermiers, comme les féagers, se distinguent, en général, de la classe des vilains : ce sont des paysans, qui se sont élevés au-dessus de leur condition, ou encore des ecclésiastiques, des bourgeois. Il arrive qu'ils ne cultivent pas eux-mêmes les terres qu'ils ont affermées; ils ont alors à leur service des tenanciers[4]. Cependant, le plus souvent, le bail même exige que le fermier réside sur sa terre et la tienne en bon état; sinon le propriétaire peut l'expulser soit immédiatement, soit après un délai plus ou moins long[5].

Le fermier doit payer, chaque année, au seigneur une somme fixe, parfois considérable : en 1283, l'abbé de Saint-Melaine donne en ferme le prieuré de Cogles, moyennant un loyer de 14 livres[6]; quelques années plus tard, le fermier de Vernes s'engage à donner 34 livres par an[7]. Le fermier fournit encore, le plus souvent, des rentes en nature, très analogues à celles que doivent acquitter les autres tenanciers[8]; comme eux, il est soumis aux droits seigneuriaux de toute espèce, aux corvées, aux banalités[9].

(1) Saint-Melaine, en 1318, concède à vie la ferme de Montgermont à Raoul de Montgermont, prêtre, et à son neveu Bernard (*Cart. de Saint-Melaine*, fº 20 vº). Cf. *ibid.*, fº 113 et 151.

(2) En 1311, Juhel de Coetrebant « a afermé et pris a ferme de Henry de Pludran, duque au terme de douze ans prochains venans empres la date de cestes lettres, un quartier de terre sis en la paroesse de Yffiniac... » (*Anciens Evêchés*, t. VI, p. 215).

(3) Cf. les *Usances de Léon et de Daoulas*, ap. Hévin, *op. cit.*, pp. 371 et sqq.

(4) En 1272, R. de Guenrroy donne à Saint-Aubin tous ses droits « in terra quam Nicholaus dictus Gordel, nomine firme, colebat vel coli faciebat in parrochia du Plurien... » (*Anciens Evêchés*, t. III, p. 155).

(5) Voy. *infra* un acte de 1184 (*Chartes du prieuré de la Trinité de Fougères*, nº XVIII, *loc. cit.*, p. 237).

(6) *Cart. de Saint-Melaine*, fº 113.

(7) *Ibid.*, fº 151 et sqq.

(8) Raoul de Mongermont, pour la ferme de Montgermont, doit donner à Saint-Melaine 3 quartiers de froment, 3 quartiers de seigle et 4 d'avoine (*ibid.*, fº 20 vº).

(9) *Usances de Léon et Daoulas*, art. 6, ap. Hévin, p. 371.

On trouve aussi, dès le Moyen-Age, une autre forme de fermage, très intéressante : le métayage. Ce qui caractérise le métayer, c'est qu'au lieu de donner un cens au propriétaire, il lui abandonne une partie de sa récolte, la moitié ou le tiers. Par ce fait, il est beaucoup moins dépendant du propriétaire que tout autre tenancier, que le fermier même. C'est ce que nous indique très clairement la *Très ancienne Coutume* : « Le seigneur ne peut justicier son metaier à sa plainte, ne à la plainte de autruy, si ce n'est par raison du contrat ou du meffait de son fié, se il n'a autre seignourie sur li...; la jurisdiction en appartient en autre cas à ceul à qui ils sont hommes et estaient paravant la métairie... » Pourquoi le seigneur ne peut-il exercer la juridiction sur le métayer? « Pour ce qu'ils ne doivent estre que *compaignons* [1]. » Le métayer est donc déjà, pour ainsi dire, un véritable propriétaire ; lorsqu'au XVᵉ siècle, le duc de Bretagne voudra imposer le fouage à tous les non nobles, les métayers prétendront y échapper [2] et, de fait, on les en exemptera [3]. — La situation du métayer est donc tout à fait caractéristique pour qui veut apprécier les progrès des classes rurales dans les derniers siècles du Moyen-Age.

---

[1] *Très ancienne Coustume*, chap. CLXXXV (Planiol, p. 192). — Un contrat de métayage perpétuel nous est fourni par un acte de 1184 (*Chartes de la Trinité de Fougères*, nº XVIII) : l'abbé de Marmoutiers notifie qu'il a concédé la terre d'Eudes de Fontaines à Guillaume Pacaut « sub ea conditione qua Johannes Pacaut pater ejus eam tenuit, tam ipsi quam heredibus in perpetuum possidendam, ita quod cellerarius noster de omnibus frugibus que in terra illa creverint, terciam partem habebit, nec aliquid omnino in comparatione boum vel in qualibet alia re mutet... Quod si forte idem Guillelmus vel quilibet heredum suorum ad tantam pervenerint paupertatem ut supradictam terram sicut convenit non possint excolere et tenere si duobus annis inculta remanserint, tercio anno cellararius eam sicut suam sine contradictione aliqua in manu sua capiet et cui voluerit tradet... » Ce métayer, bien que possédant sa ferme à titre héréditaire, peut être cependant expulsé, si, pendant trois ans, il la laisse inculte.

[2] *Mandements de Jean V*, nº 2290, loc. cit., t. VII, p. 137.

[3] Voy. l'ordonnance relative à la perception des fouages, du 19 décembre 1456, art. 10 (Planiol, *op. cit.*, Catalogue, nº 82, p. 495).

CHAPITRE VI

DE LA PERSISTANCE DU RÉGIME SEIGNEURIAL

Il n'est pas douteux que les conditions tendent à se rapprocher, que les classes rurales se dégagent peu à peu de la sujétion primitive : tout ce qui précède le démontre clairement ; et nous voyons, de fait, au XV⁰ siècle, que si l'on accense certaines terres à titre roturier, et d'autres à titre noble, dans les deux cas, cependant, le contrat constitue un patrimoine héréditaire[1]. A la même époque, un grand nombre de tenures roturières sont anoblies, soit qu'elles tombent aux mains de gentilshommes[2], soit que leur possesseur reçoive des lettres de noblesse de l'autorité ducale[3] : il y a là des transformations tout à fait significatives. — Notons encore que des bourgeois possèdent des terres, avec toutes les prérogatives attachées au Moyen-Age au droit de propriété, que certains d'entre eux détiennent réellement des fiefs[4] ; rappelons que, dans les paroisses rurales, l'on trouve dès le XIV⁰ siècle, un très grand nombre de petits gentilshommes, très misérables, qui vivent presque comme des paysans[5]. Ces données nous induisent à penser qu'en Bretagne les situations sociales sont moins nettement tranchées que dans d'autres pays, que la distance qui sépare la classe noble des propriétaires et la classe roturière des tenanciers est moins forte qu'ailleurs.

---

(1) Voy. supra *Mandements de Jean V*, n° 1849, *loc. cit.*, t. V, p. 258.

(2) Voy. un acte de 1483 (*ibid.*, n° 2077, t. VII, p. 51) et un acte de 1417 (*ibid.*, n° 1246, t. V, p. 218).

(3) Cf. un acte de 1417 (*ibid.*, n° 1249, t. V, p. 249) et un acte de 1441 (n° 2448, t. VIII, p. 15).

(4) Voici un exemple caractéristique : en 1274, Origène, fille d'Eudes de Trescoet, vend à Pierre de Costelabade, bourgeois d'Hennebont « omnes terras suas, jus, proprietatem et dominium quas habebat, habere poterat et debebat quacumque racione aped villam que nuncupatur villa Guen et ejus pertinenciis et circa dictam villam in parrochia sancti Karadoci sitam pro centum solidis cursilis monetu. » (*Cart. du Morbihan*, n° 358, loc. cit. an. 1894, *Dec.*, p. 363). Cf. des actes contemporains et analogues (*ibid.*, n⁰ˢ 385 et 386).

(5) Voy. plus haut, p. 26.

En ces conditions, on pourrait supposer que le régime seigneurial est aussi moins nettement marqué. On a déjà vu qu'il n'en
est rien. A-t-il persisté moins puissamment et moins longtemps?
En aucune façon. — Et voici la preuve tout à fait décisive de
notre thèse. Les féagers, les fermiers, qui jouissent d'une
grande indépendance personnelle et représentent une classe intermédiaire, presque voisine de la noblesse, sont soumis tout aussi
étroitement que les autres tenanciers à ce qu'on peut appeler
les services seigneuriaux, caractéristiques du vilainage. Citons
les exemples les plus typiques : Robert Lamire, bourgeois de
Jugon, conclut avec les moines de Saint-Aubin, en 1292, un bail
emphythéotique : non seulement il s'engage à payer les cens et
de nombreuses redevances, mais encore il s'oblige à rendre aux
religieux tous les services qui pèsent sur les tenures roturières,
à obéir aux moines comme s'il était l'un de leurs tenanciers,
« *religiosis tanquam homo mansionarius obedire*[1]. » Vers la
même époque, sur les terres de Saint-Melaine, un procès s'engage
entre l'abbaye et les fils de Joscedus Seheir : ils revendiquaient
un pressoir, qui, par droit héréditaire, appartenait à leur beau-
père; dans la lutte, ils ont même frappé gravement des sergents
de l'abbé. L'acte nous indique qu'ils ne cultivent pas eux-mêmes
toutes leurs terres : ils ont à leur service des sous-tenanciers; pour
les terres qu'ils possèdent à ce moment, l'abbé consent à les
affranchir de la corvée et des autres servitudes; mais s'ils en
acquièrent de nouvelles, ils seront astreints aux mêmes obligations que les autres tenanciers[2]. — En 1286, un clerc, Pierre
des Forges, reçoit un féage de la même abbaye de Saint-Melaine :
personnellement, tant qu'il vivra, il sera dispensé de la corvée
de la fenaison, de la corvée des vendanges : c'est là une concession faite à la personne de l'ecclésiastique, mais il est bien

---

(1) *Anciens Evêchés*, t. III, p. 180.
(2) «... Si quid vero supra possent acquirere, redderent servicium suum
monachis sicut alie tenure reddere solent. » (*Cart de Saint Melaine*, f° 59 v°
et 60).

entendu que les héritiers de Pierre des Forges rendront intégralement les corvées, que l'on exige de tout tenancier non noble[1].

Ainsi, quelle que soit la condition personnelle des tenanciers, l'exploitation seigneuriale pèse toujours sur eux. Le propriétaire a pu renoncer à tous les droits arbitraires : il maintient toujours les corvées, les banalités et tous les autres services seigneuriaux. Ces services, avec les cens et rentes qui représentent un véritable fermage, assurent l'existence matérielle du seigneur : jamais il n'y renoncera, de son plein gré.

On peut donc penser qu'entre la censive et la tenure du vilain, il n'y a pas lieu d'établir, comme on le fait trop souvent[2], une distinction essentielle : l'une et l'autre sont soumises à peu près aux mêmes obligations; elles sont toutes deux de même nature, car elles sont des produits du régime seigneurial. Au contraire, la censive, comme toute espèce de tenure roturière, diffère essentiellement de la tenure féodale et noble, du fief, qui est absolument dégagé de tout service domanial.

---

(1) «... Post obitum vero dicti clerici ejus heredes seu tenentes res predictas et tamen ab ipso habentes ad predictas corveias tenebuntur... » (*Ibid.*, f° 197 et sqq.).

(2) Par exemple, M. Esmein, dans son *Cours élémentaire d'histoire du droit français*, 1892, p. 656. Si l'on veut comprendre réellement l'histoire sociale du Moyen-Age, il faut renoncer une bonne fois à la terminologie et aux cadres des feudistes du XVIII° siècle, qui comprenaient mal l'origine et la nature véritable des institutions anciennes, dont les débris subsistaient encore à leur époque. Quand cessera-t-on de qualifier de *féodales* les tenures de paysans?

CONCLUSION

Il semblait évident *a priori* que la condition des classes rurales, en Bretagne, dût présenter un caractère tout particulier. Sur ce pays, que la nature isolait déjà du reste de la région française, deux invasions ont fondu tour à tour, qui ont contribué à en accentuer l'originalité, et qui ont agi certainement sur le régime de la propriété. Mais notre étude tend à prouver que ces événements accidentels n'ont modifié que superficiellement le cours de l'évolution sociale, et que les causes profondes et permanentes, qui ont déterminé l'histoire de la société dans la France tout entière, ont fini par triompher aussi dans la péninsule armoricaine.

Les Bretons ont apporté de leur grande île l'organisation patriarcale des clans; dans les régions soumises à leur influence, avant le X⁰ siècle, les grandes propriétés paraissent plus rares, les tenanciers moins nombreux, le régime domanial peut-être moins dur qu'ailleurs. Cependant les coutumes celtiques ne paraissent pas avoir très profondément transformé l'organisation de la propriété gallo-romaine, et, dès le IX⁰ siècle, l'on saisit déjà la génèse du régime féodal et du régime seigneurial.

Examinons l'état social des siècles suivants : nous voyons le système féodal moins fortement organisé que dans les autres régions françaises, les cadres territoriaux d'étendue plus restreinte, le morcellement de la propriété plus net, la distance moins grande entre nobles et non nobles : voilà des phénomènes qu'il faut peut-être attribuer à l'invasion celtique. — Le servage, qui est la condition générale des paysans de l'ancienne France

8

jusqu'au XIIIe siècle, n'existe que fort peu en Bretagne, au moins dans toute sa plénitude; si, au XIe siècle, les cultivateurs ressemblent fort à des *hôtes*, c'est sans doute un effet des terribles dévastations opérées par les conquérants normands.

Au lendemain de ces invasions, la plupart des paysans bretons nous apparaissent comme des vilains : ils n'ont à supporter aucune charge servile, ni taille arbitraire, ni mainmorte. Ils sont considérés comme possesseurs héréditaires de leur tenure; le seigneur les soumet à des droits fixes, qui pèsent sur leur personne et sur la terre qu'ils cultivent. Bientôt les droits personnels vont se transformer en droits réels : si la tenure reste grevée de redevances très lourdes, le vilain, qui la cultive, commence à s'affranchir de sa sujétion primitive.

Mais, quelle que soit la condition personnelle des paysans, l'exploitation seigneuriale affecte les mêmes caractères que dans d'autres pays : ce sont les mêmes coutumes très variées, les mêmes devoirs domaniaux, corvées et banalités, que l'on exige des sujets; la justice seigneuriale ne représente aucun principe supérieur d'ordre et d'équité, et le propriétaire ne voit en elle qu'une source de profits lucratifs. Enfin, les tenanciers n'échappent ni aux dîmes ni aux droits de garde ou d'avouerie; les églises dans les domaines laïques, les seigneurs sur les terres ecclésiastiques, les suzerains, dans tous leurs arrière-fiefs, participent à l'exploitation seigneuriale.

.[*].

Dans toute la France du centre et de l'est, le grand progrès des classes rurales se manifeste par la disparition du servage, par l'affranchissement personnel du colon. En Bretagne, comme le servage n'existe qu'à l'état d'exception, il n'y a eu dans la condition des paysans aucune révolution grave; du XIe siècle à la fin du Moyen-Age, elle ne s'est transformée que d'une façon peu apparente.

Il est bien certain que, durant plusieurs siècles, leur situation
légale a été moins dure que celle des autres paysans; ils n'ont
pas eu à lutter pour secouer le servage. Dans d'autres contrées,
le mouvement d'affranchissement des classes rurales a stimulé
l'énergie des vilains, a contribué, par la création des villes neuves,
à l'extension de la classe urbaine. En Bretagne, rien de semblable :
dispersés le plus souvent dans des habitations isolées, les paysans
ne sont parvenus qu'assez tard à former des communautés rurales,
premier rudiment d'organisation, de vie politique.

Ce qui marque, en Bretagne, les progrès des populations agricoles, c'est l'extension de certains modes de tenures, qui créent
comme des situations intermédiaires entre la classe des vilains et
celle des nobles. D'ailleurs, domaines congéables, censives ou
fermes ne se distinguent pas essentiellement des tenures de
vilains; comme elles sont soumises aux mêmes devoirs, on peut
considérer qu'elles sont de même nature, qu'elles dérivent du
même principe.

.

Ce principe essentiel, c'est le régime seigneurial. Notre étude
peut contribuer à en faire ressortir l'importance. En Bretagne,
dès le X⁰ siècle, les paysans ont toujours joui d'une certaine
liberté personnelle. Et cependant, nous voyons que les charges,
qui pèsent sur leurs tenures, sont aussi rudes qu'ailleurs. L'exploitation seigneuriale est sensiblement la même : tous les tenanciers,
tous ceux qui cultivent la terre ou la détiennent à un titre non
noble, qu'ils soient vilains ou domaniers, féagers, fermiers même,
se trouvent soumis aux services seigneuriaux, aux banalités, aux
corvées, à la justice domaniale : le régime seigneurial pèse
indistinctement sur tous ceux qui cultivent la terre, sans la
posséder.

Antérieur à la féodalité même, ce régime persiste encore
lorsque la féodalité a définitivement sombré. Il a servi d'assise

matérielle au régime féodal, mais il est encore le fondement de
la société monarchique qui lui a succédé, puisque la royauté
triomphante a conservé les privilèges sociaux de l'aristocratie
terrienne; il subsistera jusqu'à la fin de l'Ancien Régime, et
il faudra la plus formidable des révolutions pour le frapper à
mort.

C'est qu'en effet le régime seigneurial, que l'on retrouve dans
toute l'ancienne France, constituait la forme essentielle de la
propriété foncière; tandis que les personnes échappaient à la
servitude héréditaire, il les maintenait dans une sujétion véritable, il empêchait leur émancipation définitive. On le conçoit
aisément. Voici un homme de condition libre, mais il hérite de
la tenure de son père; comme ses ancêtres, il cultive la terre
d'un propriétaire noble; comme eux, il est astreint à des devoirs
de domesticité vis-à-vis de ce maître; comme eux, il est soumis
à sa juridiction : comment ne resterait-il pas son humble sujet?
N'a-t-on pas vu en Russie des paysans libres, mais cultivateurs-
nés de terres nobles, tomber brusquement dans le plus dur
servage [1]? — Le régime seigneurial a donc eu pour principal
effet de maintenir les classes rurales dans la dépendance de ceux
qui possédaient le sol.

Dans l'ancienne France, la condition personnelle des paysans
varie de région à région; mais leur situation réelle est partout
à peu près la même : c'est que, partout aussi, le mode d'exploitation de la terre, pour des raisons d'ordre économique, affecte le
même caractère.

(1) Voy. An. Leroy-Beaulieu, *l'Empire des Tsars et les Russes.*

APPENDICE

REDEVANCES DUES PAR DES TENANCIERS DU CHAPITRE DE QUIMPER
AU COMMENCEMENT DU XIV° SIÈCLE

(*Cartulaire de Quimper*, Bibl. Nat., *fonds latin*, n° 9891, f°° 38 et sqq.).

Sequntur omnes redditus venerabilis capituli ecclesie Corisopitensis tam denariis, frumento, avena quam gallinis et ovis in parrochia de Trefguenc et de Neguez exceptis decimis et alteragio.

VILLA DE LESTREFGUENC

Eudo Anglici, VII sol., II minotos frumenti, II cribratas avene cum quarta parta, I gallinam.

Gaufridus Crucesignatus, ejus consortes, VII sol., XI minotos frumenti, III cribratas avene cum quarta, I gallinam.

Petrus dictus Alanic.

Hazevisia relicta quondam dicti fabri, VIII sol., VII den. ob., III minotos frumenti.

Rivallonus Alain, ejus fratres et sorores, V sol., III minotos frumenti.

Relicta dicti medici, VII sol., II minotos frumenti.

Eudo Anglici ibidem I minotum frumenti cum tercia parte, II cribratas avene, I gallinam.

Gaufridus Jestini, II sol. I den. ob. Item VI den., II minotos frumenti et dimidium.

Daniel Henrici Castreuc, XIX den., V scutellas frumenti.

Guillotus Castreuc, XVII den., V scutellas frumenti.

Alanus gener Nigri, II sol., VI den., II partes minoti frumenti.

Guerenreda filia Petri An Gall, VI sol., II den., III minotos frumenti.

Rivallonus dictus Pyllae, III den. ob.

De supra terra que fuit Guilloti Pennec, III sol., III den. Mathelina filia Bordan tenet.

Heredes Guidonis Nigri, VII sol., IV minotos frumenti, II cribratas avene, I gallinam.

Alanus dictus Pax, II sol., VII den., I minotum cum tercia parte frumenti.

Guido dictus Rougae, XVIII den., I minotum frumenti.

Dictus Gualdoe, IIII den.

Heredes Davidi Fabri, XVIII den.

Heredes Rivalloni Fall, XX den.

Petrus Carpentarius, III sol., I minotum cum dimidio frumenti.

Johannes Gouriaci, racione uxoris sue, VI den.

Alanus dictus Golouen, racione uxoris sue, IX den., I scutellam frumenti.

Somma.

KAERGAUTER

Petrus dictus Musulyac, V sol., II den.

Daniel dictus Ovis, VII sol., IIII den. ob., dimidium minotum cum quarto frumenti, I gallinam cum dimidia.

Judicellus Glenian et ejus consortes, IIII sol., IIII den., I minotum frumenti.

Christianus dictus Bothlae et ejus fratres, IIII sol., IIII den., V scutellas frumenti.

Item idem Christianus Bodle, II sol., VI den. ob., I scutellam frumenti cum dimidia.

Alanus Abrahe, Gauffridus Guilloti ratione terre Eudonis Hargauter, VIII den., IIII minotos frumenti.

Johannes Sutoris, XXI den. ob., I scutellam cum sexta parte frumenti.

Guido dictus Mauchuff, Azenora dicta Mauchuff, III sol., VI den. ob., IIII scutellas frumenti.

Ouregann Rouzaudi, XI den. cum duabus partibus III ob., I scutellam frumenti.

Conanus dictus Joce, II sol. V den. ob., II scutellas frumenti.

Guillotus Pennec ratione uxoris sue, II sol., IIII den. ob., III scutellas frumenti.

Guido dictus Postuec ratione uxoris Eudonis Fabri, reperitur quod debet VI sol., VIII den. Et bladum nescitur quantum.

Oureguena relicta filii Nani, XXI den. ob., I scutellam cum sexta parte frumenti.

Guido Sutoris, XXI den. ob., I scutellam et sextam partem frumenti.

Filii Guidonis Fabri, XX den.

Guenbreda filia Petri An Gall supradicta, IIII sol., III den., II partes unius minoti frumenti.

Desuper terra Guilloti Petri, XVII den., multi tenentur.

Mansionarii dicte ville debent ratione anniversarii thesaurarii Pichardi XXIX sol., de quibus debentur taille XII den., et anniversarii XXVIII sol.

Somma.

BUZIT.

Johannes Camenedi, VI s., VI den., I gallinam, avenam, II minotos frumenti et I scutellam frumenti.

Daniel Goezyani, VII sol., IIII den., I minotum frumenti cum aliquantulo, I gallinam et avenam et terciam partem cribrate.

Per heredes Johannis fratris sui, XII sol., IX den., V minotos cum dimidio frumenti, IIII ova.

Guillotus Ruffi, III sol., VI den., dimidiam partem I minoti frumenti.

Relicta Gaufridi Ruffi, XIX den. ob., V scutellas frumenti, I gallinam, II cribatas avene.

Eudo dictus Scoarnc et ejus fratres.

Guillelmus Christiani dictus Frieuc.

Filli dicti Rivallonou, III sol., VIII den.

Et idem Eudo pro se, IIII den.

Guillelmus dictus Colliou, III sol., V den. ob., I minotum cum duabus partibus frumenti.

Nicholaus Salioci, IX den. et dimidium minotum frumenti.

Guillelmus Ruffi, II sol. cum tercia parte ob., I minotum cum dir-idio frumenti.

Rivallonus Enquoent, heredes Rivalloni dicti monachi, Guiotus de Trefguenc, X den. ob., I minotum cum dimidio frumenti.

Guillotus Rivalloni faber dictus Evzenou, Tenz dictus Morillon, V sol., VI den., IIII minotos frumenti et tres partes frumenti.

Dictus An Boseuc, XIII den..

Filie Daniel Goeziani de prima uxore, VI den. cum duabus partibus I den., II scutellas cum dimidio frumenti, duas partes I cribate avene.

Petrus Alanic ratione matris sue, VI den. Heredes Juliane sororis sue VI, modicam summam frumenti.

Heredes dicti An Pergoent de Concq, VII den. ob., II scutellas cum dimidia frumenti.

Filie dicti An Hastus, XX den.

Guillelmus An Quoaute et ejus fratres, III den. ob.

Filie Rivalloni Ruffi, XVI den. et dimidium minotum frumenti.

Somma.

KAERANDOULFF.

Herveus Nani, XI den., et Gaufridus Pamonic, 1 den.

Oliverius Nathalis Rioci, IV den.

Heredes Gaufridi Tannou, VII den.

Gaufridus dictus Gentil et ejus fratres, VI sol.

Guido dictus Bricon et ejus fratres, VIII sol., VIII den., et nonam partem unius minoti frumenti.

Eudo Floci et ejus fratres, XI sol., V den., I minotum frumenti, excepta nona parte.

Idem Eudo per se V den.

Guillelmus Perenisii, II ob.

Radulfus Jestini pro ipso tenet XII den.

Heredes Eudonis Fabri, II sol., VI den.

Eudo dictus Boedeou, XVI den. Herveus Nain tenet.

Eudo Perioci et ejus soror, III sol., III den.

Kadoredus Jestini et ejus fratres, VII sol., duas partes unius minoti frumenti.

Grazlonus Colliou, III sol., III den., duodecimam partem unius scutelle frumenti.

Guillelmus dictus An Treut, III sol., IIII den.

Alanus Loshouarni, V sol., X den. et mediam partem III obol., I scutellam frumenti.

Relicta Alani Floci, II sol., XI den. ob., V scutellas frumenti.

Guillelmus Gaufridi Floci, V den.

Eudo dictus An Goedaes ratione terrarum matris sue, XX den. ob.

Filius Guilloti Davidi, XXIII den. ob.

Eudo dictus An Maguer, XVII den ob, III scutellas frumenti.

Alanus Johannis Cariou et Guillelmus Guidomari, XIIII den.

Gaufridus Rivalloni Berthou XVII den. Heredes dicti Deservoey, VII sol.

Eudo dictus Pengam, XV den.

Daniel Johannis Hezlen, II sol., VIII den. ob.

Guillotus Eudonis Guilloti, VIII den.

Eudo Ausqueri, VIII den. ob.

Filius dicti Coxguall, II den. ob.

Dictus Coetdigou, II sol.

Gauffridus dictus Bargayne, IX sol., de quibus Guido de Trefguenc debet III sol., IIII den., I gallinam et II cribratas avene.

Relicta Gaufridi Collezeuc, II den.

Guillelmus An Gall, IIII sol., VI den. et mediam partem trium obolorum.

Terra Eudonis Fabri quam tenet ad presens Eudo Floci, III sol., IX den.

Somma.

KAERTRUC APUD NEGUEZ.

Gaufridus Morvani Floci, II sol., IX den.

Heredes Rivalloni Bataes, XI sol., V den.

Relicta Gaufridi Angusti et Hazevisia dicti Cozdrouc, IIII sol., IIII den.

Guido Danielis dicti An Gall, III sol., IIII den. ob.

Plaesou Duetinat et Hazevisia filia Michaelis, IX den., et dicta Plaesou, IIII den. ob.

Ammou filia Mathei, IX den.

Alanus Anloudour et ejus fratres, III sol., VI den.

Relicta Gourloveni, II sol., IIII den.

Dicta Glanvon relicta Henrici Cotouric, II sol., VI den. ob.

Gralleron[1] Morvani, V sol., I den.

Johannes Morvani et filius dicti Garsill, XVI den.

Guidomarus dictus Vaentes, Petrus dictus Guyhomarchou, Alanus dictus Vaentes, VI sol., IX den.

Guillelmus dictus Guarredon et ejus fratres, V sol., IIII den.

Theria relicta dicti Regis II sol., VII den.

Saleron[2] dictus Cordemeries, IX den.

(1) On pourrait aussi lire *Grallou*.
(2) Ou peut-être *Salliou*.

Alanus Henrici de Buzeuc per Gaufridum precedentem, III sol., VI den.

Caznevedus dictus Sainctourchan et ejus consortes, IX den.

Oureguena relicta Johannis Perrin, II sol., XI den. ob.

Johannes dictus Guerniou, XVI den.

Item relicta Judicelli Emmboudeur, X den.

Item mansionarii dicte ville debent II sol., IIII den., ratione pastus hyemalis, VII gallinas et XII cribratas avene et sextam decimam gerbam pro decima.

Somma.

ANBURONNOU.

Gaufridus dictus Cocguen, XII den. ob.

Alanus dictus Cocguen, XII den. ob.

Guillelmus Judicelli Perrin et ejus fratres, V sol., I gallinam, II cribratas avene.

Guido Maucuff predictus, V sol.

Guido Posteuc predictus ratione uxoris sue, V sol., III den.

Somma istius particule, XVII sol., IIII den.

Somma totalis.

Sequntur ista que scripta erant in dorso rotuli originalis.

Lestrefguenc debet XXVI cribratas avene, XIII gallinas.

Anbuesit debet XVIII cribratas avene, IX gallinas et VII^{xx} ova.

Kaergauter debet XVIII cribratas, IX gallinas, item cibum pro preposito.

Kaeranjoulff debet XXVIII cribratas avene, XIIII gallinas et XX ova.

Kaertruc debet XII cribratas avene et VII gallinas.

Buronnou debet XII cribratas avene et VII gallinas.

Somma avene CXIIII cribrate avene.

Somma gallinarum LIX.

Somma ovorum, VIII ^{xx}.

Apud Lestrefguenc debet habere capitulum XL minotos frumenti vel circa.

Item apud Kaergauter XII minotos frumenti, et super terra Eudonis Kaergauter tricesimam gerbam pro decima.

Item apud Buesit, XXX minotos frumenti.

Item apud Kaerandoulff, V minotos frumenti et aliquantulum plus.

Item apud Kaertruc XVII^{max} gerbam pro decima que solet valere circa III sextarii frumenti.

Somma frumenti sine decimis, IIII^{xx}VII minoti frumenti.

Guido Bougae negavit quin terre quarum mediam partem detineret debebant ab antiquo III sol., II minotos frumenti, et super hoc fuit convictus, emendam gagiavit.

SCAZRE.

Sequntur redditus seu census debiti capitulo corisopitensi quolibet anno mense januarii in parrochia de Scazre, et primo :

Super villa de Penbis, XXV sol. ob.

Desuper terra Abguan, II sol., IIII den.

Desuper terra Kergonou, XX den.

Desuper terra Alani Hervei, XX den.

Desuper terra An Quemnet, II sol., IIII den.

Desuper terra Gauffridi Courant, VII den. ob.

Desuper terra Eudonis Kaermeryan, IX sol.

Desuper terra aes cleres, III sol., III den.

Desuper terra Judicelli Poyll, XII den.

Desuper terra Gaufridi Helgor, III sol., II den.

Item super villa de Kerlemoy, XX sol., X den.

Desuper terra Courant ibidem, III sol., XI den.
Desuper terra Judei, III sol., XI den.
Desuper terra An Milbeu, VII den. ob.
Desuper terra An Doucic, II sol., VI den.
Desuper terra Judicelli Jestin, XII den.
Desuper terra An Lagadeuc, XVIII den. ob.
Desuper terra Caznevedi Kaermeryan, III sol., IIII den.
Desuper terra Rivalloni clerici, III sol., IIII den. ob.

Item super villa de Lein an rous, XXV sol.

Desuper terra filie Andree, IIII sol., II den.
Desuper terra An Jugler, IIII sol., II den.
Desuper terra Pasquiou, IIII sol., VII den.
Desuper terra Judicelli Tanguy, VI sol., IIII den.
Desuper terra filii Johannis Deulogou, II sol., IX den.
Desuper terra An Doucit, VI sol., IIII den. ob.
Desuper terra An Sculcher, VII den. ob.

Super qualibet domo predictarum villarum debentur due cribrate avene cum una gallina excepta domo Rivalloni clerici in qua moratur ad presens desuper qua nichil debetur, et tenet sextam partem ville predicte de Kerlemoy.

Molendinum tempore pacis solebat valere XL sol., aliquando plus, aliquando minus.

CROSUAL FOENANT :

Sequntur census et jura capitalia capituli Corisopitensis apud Crosual Foenant et circa id locorum.

Desuper domo et terra que fuit Guillelmi Carioci, I den.
Et nomine Droniou per dictum de Vico frigido clericum, IIII sol.

Desuper domo et terra que fuit Stephani et filii Peres, III den., et II quarteria frumenti et dimidium et II quarteria avene, gallina, et desuper dicta terra Stephani pro taillia XX sol., quando plus quandoque minus.

Desuper terra Pelliperii, non juris capitalis sed census, III den.

Desuper terra filiarum Gaufridi de loco Amandi, III den. et II quarteria frumenti, et II avene, gallina.

De colle Perioci de terra armigeri Miricarum, III den. et II quarteria frumenti et avene, gallina.

De terra filii Morvani uno anno III ob. et in alio anno I den., I quarterium frumenti, et I quarterium avene et preter suam gallinam.

De terra et tenura Eudonis Guillermi et Rivalloni Guidonis Guezenoci.

De terra Amicie, III ob., I quarterium frumenti et avena que dicitur.

De terra Johannis Tutguali, III ob., I quarterium frumenti.

De terra en Kelior per Paybomier, III ob. et I quarterium frumenti.

De veteri villa, VI den., IIII quarteria frumenti.

De domo et orto Gourlouvani et I arpento terre sibi pertinente, VI den.

De terra filie Goredi, jus tacetur injuste, VI den.

Jura capitalia capituli Corisopitensis in festo exaltationis sancte crucis.

De domo Lovenani Lor, XVIII den.

De domibus filii Dogoreth, XIIII den.

De domo Juliane Adeline, alio nomine domo Butiratoris, III sol.

De domo Hervei Loesedi, X den.

De domo Guillelmi Ruffi de Penruic, XII den.

De domo filie Gortmactut in Rachaer, XIIII den.

De domo Symonis Roauchert, XIIII den.

De domo Symonis Magni, quam habet Petrus ejus gener, XX den.

PLOEMADIERN

Item in festo effusionis sanguinis crucifixi ecclesie corisopitensis anno quolibet desuper Toulgoet Corezre in parrochia de Ploemadiern quos dedit Rivallonus Matredi Placitatoris et sui heredes tenentur, XII den.

. . . .

HEC SUNT NOMINA HOMINUM CAPITULI IN PARROCHIA DE TREGUENC EXISTENCIUM IN TERRA IPSORUM.

In villa de Kaergoz.

Relicta filii An Melle . . . . III sol.

Filia Deryani . . . . VIII sol.

Terra Anfianti[1] . . . . VI sol.

Guillelmus filius Ancoffet . . . . XII sol.

Filius An Gentil . . . . XIII sol.

Relicta Rivalloni filii An Gall . . . . VI sol.

Dictus Pendu . . . . VI sol.

Cadoredus Sinister . . . . VIII sol.

Daniel Morvani . . . . II sol.

Relicta Bernardi . . . . III sol.

Filius Perioci . . . . IIII sol.

Cadoredus Bernardi . . . . IIII sol.

Filia Arani . . . . II sol.

Eudo Jestini . . . . XX sol.

(1) Ou *An Fianter.*

Filius Guezengar.................. IIII sol.
Relicta Bricon................... V sol.
Filia filii Croc.................. V sol.
Rivallonus Rodaudi............... VII sol.
Daniel Losoarni .... IIII sol.

Item in villa Galteri.

Filius Isac .... XII sol.
Eudo ville Galteri.
Papa........................... III sol.
Gener Galteri.................... XII sol.
Cadoredus Rivalloni.............. XV sol.
Relicta Corvezen cum filiis Danielis.. XV sol.
Dictus Bohlae[1].................. V sol.
Gauffridus gener Hodierne......... VIII sol.
Filius Gleviani.................. XII sol.
Relicta Maucaf.................. II sol.
Filius Maucuf................... XV sol.
Conanus Persone................ VI sol.
Filius Goserhou................. II sol.

Apud Bosit.

Daniel Rivalloni................. VI sol.
Petrus frater suus............... XII sol.
Eudo frater eorum............... III sol.
Cadoredus Brom .... VII sol.
Gilart......................... VI sol.
Filius Anmoyn.................. XVI sol.
Daniel Even.................... XIII sol.
Bartolomeus.................... IX sol.
Henricus Ore................... V sol.
Filius Calvi .... XVI sol.

(1) Ou plutôt *Bethlae*.

Item apud Lestrefguenc.

Filius Juzede	XXI sol.
Filius Bolic	IIII sol.
Guillelmus filius Gosberz	VI sol.
Frater suus	IIII sol.
Eudo Cadoredi	II sol.
Eudo Jestini	XI sol.
Nicholaus	II sol.
Filius Guillelmi Morvani	VIII sol.
Filius Alani Morvani	X sol.
Filius Defefrez[1]	V sol.
Daniel Hervei	II sol.
Daniel Gohen	IX sol.
Flori	III sol.
Guillermus Scisor	VII sol.
Guillermus Coet	VIII sol.
Henricus Gaufridi	VII sol.
Guenou	II sol.
Juliana Jestini	III sol.
Deryanus Glasou	VIII sol.
Relicta Lagadoc	XVIII sol.
Matheus frater suus	II sol.
Guido Judicelli	VI sol.
Guillelmus filius Croesoges	XXI sol.

HEC SUNT NOMINA ILLORUM EXTRA TERRAM

Apud Kaerrandulf.

Filius Buzic	V sol.
Eudo filius An Putor	VI sol.
Aucherus filius Militis	III sol.

(1) Probablement pour *Desevres*.

Herveus filius Isac.............. XVIII den.

Filius Even .... II sol, VI den.

Natalis Strabonis............... XX sol.

Alanus Johannis................ II sol.

Filius Inclenguezeir............. II sol.

Pibacor...................... II sol.

Filius Topin................... V sol.

Frater suus .... II sol.

Petrus Johannis................ IIII sol.

Relicta Lagadoc................ II sol.

Guennou .... II sol.

HÆC SUNT NOMINA EXISTENCIUM IN TERRA PACIFICA.

Filius An gall.................. IIII sol.

Filius Calvi .... II sol.

Filius Danielou .... II sol.

Filius Danielis................. II sol.

Filius Gozill bis................ IIII sol.

Cadoredus Rivaloni bis........... III sol.

Filius Maucuf bis............... II sol.

Item apud Neguez.

Gralonus Bleinchuaut [1] .... XV sol.

Judicellus Heric................ VI sol.

Filius Forestarii................ VIII sol.

Eudo filius Lodor............... X sol.

Henricus gener filii Gall.......... VI sol.

Cozdroc...................... XV sol.

Relicta Eveni Kaerguern .... XIII sol.

Rivallonus filius Gardic .... XII sol.

Dictus Pochaer................. V sol.

(1) Lisez plutôt *Bleinchuant*.

Jordanus . . . . IIII sol.

Filie Henrici . . . . III sol.

Filius An Gall . . . . IIII sol.

Relicta Bugonis . . . . V sol.

Dictus Cadennic . . . . V sol.

Persona de Bozoc . . . .

Auscherus filius Cami[1] . . . . III sol.

Supra auxilium in terra de Trefguenc, **XXXV** libras, **VI** den. minus et cum Eudone de Kaergauter C sol.

(1) Ou *Cann*.   .

TABLE DES MATIÈRES

QUATRIÈME PARTIE

L'EXPLOITATION SEIGNEURIALE.

CINQUIÈME PARTIE

LES PROGRÈS DES CLASSES RURALES.